AF093902

www.ingramcontent.com/pod-product-compliance
Lightning Source LLC
LaVergne TN
LVHW010608070526
838199LV00063BA/5116

* 9 7 8 9 3 5 8 7 2 9 2 9 0 *

تصویر خانہ

(کچھ خاکے)

ممتاز رفیق

© Mumtaz Rafiq
Tasweer-e-Khaana - kuch Khaake
by: Mumtaz Rafiq
Edition: March '2024
Publisher :
Taemeer Publications LLC (Michigan, USA / Hyderabad, India)

ISBN 978-93-5872-929-0

مصنف یا ناشر کی پیشگی اجازت کے بغیر اس کتاب کا کوئی بھی حصہ کسی بھی شکل میں بشمول ویب سائٹ پر اَپ لوڈنگ کے لیے استعمال نہ کیا جائے۔ نیز اس کتاب پر کسی بھی قسم کے تنازع کو نمٹانے کا اختیار صرف حیدرآباد (تلنگانہ) کی عدلیہ کو ہوگا۔

© ممتاز رفیق

کتاب	:	**تصویر خانہ** (کچھ خاکے)
مصنف	:	**ممتاز رفیق**
پروف ریڈنگ / تدوین	:	اعجاز عبید
صنف	:	خاکے
ناشر	:	تعمیر پبلی کیشنز (حیدرآباد، انڈیا)
سالِ اشاعت	:	۲۰۲۴ء
صفحات	:	۷۴
سرورق ڈیزائن	:	تعمیر ویب ڈیزائن

فہرست

	پیش لفظ	6
(۱)	اوکھامنڈا: منیر نیازی	18
(۲)	بچہ جگت باز: عبید اللہ علیم	31
(۳)	حکیم جی: راغب مراد آبادی	42
(۴)	جامنی لڑکی: فاطمہ حسن	53
(۵)	فرنیچ بُل: قمر جمیل	67

پیش لفظ

سعادت حسن منٹو نے اپنے خاکوں میں فرشتوں کا مونڈن کیا اور آج ہم خاکہ نگاروں کے ہاتھوں خاکہ نگاری کا مونڈن ہوتے دیکھ رہے ہیں۔ اِن دنوں شائع ہونے والے خاکوں کے مجموعوں میں ہمیں ' فرشتوں کا اجتماع' نظر آتا ہے۔ جس میں ہر فرد دھلا منجھا اور تقریباً ہر انسانی کم زوری سے مبرّا دکھائی دیتا ہے۔ شاید منٹو کے ساتھ ہی فرشتوں کے مونڈن کا رواج بھی اٹھ گیا ہے۔ کبھی کبھی تو ایسا محسوس ہوتا ہے جیسے ہمارے خاکہ نگار اب پورے انسان کو زیرِ بحث لائے جانے کے قابل ہی نہیں سمجھتے یا پھر اُن میں سے جرأتِ اظہار ہی جاتی رہی ہے۔ حقیقت یہ ہے کہ خاکہ نگاری بے حد مشکل صنف ہے۔ جس کا تمام حسن سچائی دیانت داری اور اُس کے غیر جانب دارانہ اظہار میں ہی پوشیدہ ہوتا ہے۔ خاکہ نگار کی مثال ایک ایسے فرد کی سی ہے، جو اپنے ہاتھوں میں آئینہ لیے پھرتا ہے اور جو فرد اس آئینے میں تصویر ہوتا ہے اُسے پوری ایمان داری سے بے کم و کاست کاغذ پر نقش کر دیتا ہے۔ یہ عمل بڑی ریاضت چاہتا ہے اور ہمارے ہاں محنت سے جی چرانے کا چلن عام ہے اور شاید لوگوں میں اب اتنی اخلاقی جرأت بھی باقی نہیں رہی کہ وہ پورے قد سے بولتے آئینے تک کا سامنا کر سکیں۔ میرے نزدیک، خاکہ نگاری کی زبوں حالی کی بڑی وجہ لوگوں کا اپنی اصل سے انکار اور سچائی سے آنکھ چرانے کا وتیرہ

ہے۔

خاکہ نگاری کی یہ بدحالی آج کی بات نہیں ہے۔ کیا اردو ادب کی پوری تاریخ میں آپ خاکہ نگاری کا کوئی عہدِ زرّیں کر سکتے ہیں ؟ شاید نہیں، زیادہ سے زیادہ منٹو، عصمت چغتائی، اشرف صبوحی، شاہد احمد دہلوی اور مولوی عبدالحق وغیرہ کے دور کو خاکے کا عہدِ زرخیز قرار دیا جا سکتا ہے۔ اُس دور میں بھی جو خاکے تحریر کیے گئے اور جن کا بہت شہرہ بھی ہوا۔ کیا وہ تمام کے تمام خاکے صنفِ خاکہ نگاری کے تمام مطالبات پورے کرتے تھے ؟ میں ایسا نہیں سمجھتا، کیوں کہ اِن خاکوں میں بھی پورے انسان کو تصویر نہیں کیا جا سکا۔ ایسا کیوں ہوا، اُس پر تو بحث آگے چل کر ہو گی۔ فی الحال تو میرے ذہن میں یہ سوال سَر اٹھا رہا ہے کہ وہ کیا چیز ہے، جس نے ہمارے قلم کاروں کو خاکے کی صنف سے والہانہ دل چسپی لینے سے روک دیا؟ یہ خاکہ نگاروں کی کیسی کم نصیبی ہے کہ وہ خاکہ نگاری کا ایک عہدِ زرّیں تک دریافت نہیں کر پاتے اور بمشکل عہدِ زرخیز تک پہنچ کر اٹک جاتے ہیں۔

میرے خیال میں اِس کی ایک وجہ یہ ہے کہ خاکہ نگاری کو نہ تو کوئی بڑا خاکہ نگار مل سکا اور نہ ہی کسی اہم نقّاد نے اِس صنف پر سنجیدگی سے توجہ دی۔ حقیقت یہ ہے کہ ایک منٹو کے علاوہ ہمیں کوئی دوسرا خاکہ نگار یاد ہی نہیں آتا، جس نے ہمیں بہ یک وقت بہت سے مکمّل انسانوں کے ملاحظے کا موقع دیا ہو۔ جی ہاں، میں نے ملاحظے کا لفظ ہی استعمال کیا ہے۔ کیوں کہ میں سمجھتا ہوں کہ خاکہ بھی دراصل ایک 'قلمی تصویر' ہوا کرتی ہے۔ ایک مکمّل، زندہ اور زیادہ جان دار تصویر، جس میں صاحبِ تصویر چلتا پھرتا، ہنستا بولتا، روتا گاتا، سوچتا، عمل کرتا، محبت اور منافقت سے کام لیتا اور دانائی اور سادگی سے معاملہ کرتا دکھائی دیتا ہے اور یہ قلمی تصویر کا تحرّک ہی ہے جو خاکہ نگار کے لیے اُس کے کام کو اِس درجے دشوار بنا دیتا ہے۔ خاکہ نگاری پر بحث کرتے ہوئے انور ظہیر خان کہتے ہیں:

"خاکہ نگار کو خاکے کے چوکھٹے میں شخصیت اپنے پورے وجود اور سائے کے ساتھ آئینہ کرنی پڑتی ہے۔"

اپنے خاکہ نگاروں کی کارکردگی دیکھتے ہوئے، اُن سے یہ ایک کڑا مطالبہ ہے کہ ابھی تو وہ پوری شخصیت تک تصویر کرنے کا ہنر نہیں سیکھ سکے۔ اگر ہم اردو میں خاکہ نگاری کی تاریخ پر نظر ڈالیں تو سوائے چند چنگاریوں کے ہمیں دور دور تک راکھ بکھری دکھائی دیتی ہے۔ خاکہ نگاروں نے تو خیر بری بھلی کوششیں کی بھی ہیں۔ حیرت تو نقادانِ ادب کے رویے پر ہوتی ہے، جنھوں نے اِس صنف پر سنجیدگی سے توجہ دی ہی نہیں۔ حد تو یہ ہے کہ ہمارے نقّادوں نے خاکہ نگاری کی کوئی جامع اور بھرپور تعریف تک مرتّب کرنے کی ضرورت محسوس نہیں کی۔ حالاں کہ یہ نقّادانِ ادب کی ذمے داری تھی کہ وہ ہمیں بتاتے کہ اِس صنف کے بنیادی اصول، اِس کی ماہیت، اِس کے تنقیدی معیارات اور حدود کیا ہوں گے؟ ادب میں اِس صنف کی حیثیت اور اہمیت تو خیر بعد کے مرحلے ہیں۔ شاید یہی وجہ ہے کہ خاکہ نگاری کے نام پر، جس نے جو لکھا، اُس کے اصول اور معیارات بھی خود اُسی نے طے کیے اور تعریف بھی وہی بیان کی جس پر اُس کی اپنی تحریر پوری اترتی ہو۔ اِس کا نتیجہ یہ نکلا کہ فنِ خاکہ نگاری قلم کاروں میں اپنا ایک اجتماعی شعور راسخ کرنے میں کامیاب نہ ہو سکا، اور عدم مرکزیت کا شکار ہوتا چلا گیا۔ بہ قول ڈاکٹر بشیر سیفی:

"ہمارے ہاں اب تک جو خاکے لکھے گئے ہیں، انھیں بڑی آسانی سے چند خانوں میں بانٹا جا سکتا ہے۔ یعنی تعارفی خاکے (چراغ حسن حسرت، رئیس احمد جعفری)، مدحیہ خاکے (رشید احمد صدیقی)، نفسیاتی خاکے (ممتاز مفتی) اور یک رخے خاکے (دوزخی، عصمت چغتائی اور جوش ملیح آبادی از شاہد احمد دہلوی) وغیرہ۔"

ڈاکٹر بشیر سیفی کی اِس تقسیم در تقسیم میں دو قباحتیں ہیں۔ ایک تو وہی خاکے کی

اجتماعی شعور سے محرومی اور دوسری، انسانی شخصیت کا اپنے بہت سے رنگوں سے محروم رہ جانا۔ میرا سوال یہ ہے کہ کیا خاکوں کو خانوں میں بانٹ کر ہم اِس صنف کی حقیقی پَرداخت اور ترقی کے لیے کوئی مثبت پیش رفت کر سکتے ہیں؟ میں نہیں سمجھتا کہ ایسا ممکن ہے۔

جس طرح ہم انسانوں کو خانوں میں بانٹ کر اُن کی کلّیت مجروح کرتے ہیں، اِسی طرح خاکوں کی تقسیم سے فن کو اُس کے اجتماعی تصوّر سے محروم کر دیتے ہیں۔ افسوس سے کہنا پڑتا ہے کہ اب جو خاکے لکھے جا رہے ہیں، اُن میں ہمیں یہی شتر گربگی کار فرما نظر آتی ہے۔ جیسا کہ عرض کیا گیا، خاکہ نگاری کی کوئی حتمی تعریف قائم نہیں کی گئی۔ اِس کا منطقی انجام یہی ظاہر ہونا تھا، جو آج ہمارے سامنے ہے، لیکن کیا ہمیں اِس صورتِ حال کو بعینہٖ قبول کر لینا چاہیے؟ کیا ہمیں یہ سمجھنے کی کوشش نہیں کرنی چاہیے کہ خاکہ دراصل کیا ہے؟ ہمیں معلوم ہونا چاہیے کہ وہ کون سے اصول ہیں، جو خاکہ تخلیق کرتے ہوئے ہمارے پیشِ نظر رہنے چاہئیں اور وہ کون سے اجزائے ترکیبی ہیں، جن سے مل کے خاکہ اپنی تکمیل کو پہنچتا ہے۔ ہمیں یہ بھی معلوم ہونا چاہیے کہ مضمون اور خاکے میں بنیادی فرق کیا ہوتا ہے۔ شاید اس کے بعد ہی یہ ممکن ہو سکے گا کہ ہم تعارفی خاکوں، مدحیہ خاکوں، نفسیاتی خاکوں اور سوانحی خاکوں ایسی بدعتوں سے چھٹکارا پا سکیں۔

ہم جانتے ہیں کہ مضمون لکھتے ہوئے ہم ایک بنیادی سوال قائم کرتے ہیں اور پھر مختلف جہتوں سے اُس کا جائزہ لے کے اِسے سمجھنے کی کوشش کرتے ہیں۔ کسی شخصیت پر مضمون لکھتے ہوئے بھی ہمارا رویہ کم و بیش یہی ہوتا ہے، مثلاً اگر ہم کسی شاعر کے فن کو موضوع بناتے ہیں، تو اُس کے کلام کے فنّی محاسن، شاعری کے موضوعات، کلام میں لفظوں کا برتاؤ، اُس کا معنوی حسن اور نغمگی وغیرہ، ہمارے مضمون کا مواد بنتے ہیں، لیکن ہمارے مضمون کا دائرہ اُس شاعر کی شاعرانہ حیثیت ہی تک محدود رہتا ہے۔ اِس کے

برخلاف، جب ہم خاکہ لکھنے بیٹھتے ہیں، تو فرد کا پورا وجود ہمارا موضوع ہوتا ہے۔ بہ قولِ انور ظہیر خان:

" خاکہ نگار کو شخصیت کا سارا لیکھا جوکھا پیش کرنا پڑتا ہے۔ خاکہ کسی بھی شخصیت کا جنم پتر ہوتا ہے۔ اُس میں شخصیت کو اُس کے اصلی چہرے مہرے، رفتار و افکار اور احوال و آثار کے ساتھ ایک شگفتہ و شیریں، سلیس و رواں پیرائے میں پیش کیا جاتا ہے۔"

جب ہم کسی شخصیت کا تعارفی، مدحیہ یا سوانحی خاکہ تحریر کرتے ہیں تو گویا ہم خود کو اپنے ممدوح کی ذات کے ایک محدود حصّے کا پابند کر لیتے ہیں اور یوں ہم اُس انسان کو، پورے انسان کے طور پر پیش کرنے سے محروم رہ جاتے ہیں۔ ایسی تحریروں میں غیر جانب داری اور دیانت دارانہ سچائی سے کام لیا ہی نہیں جا سکتا۔ جس کا نتیجہ یہ ہوتا ہے کہ ہم ایک آدھی ادھوری تصویر بنا پاتے ہیں۔ سلیم احمد صاحب نے درست کہا تھا کہ محبت اور نفرت تعلق ہی کی دو صورتیں ہیں اور خاکہ نگار اِن کے بغیر اپنے فن کا اظہار کر ہی نہیں سکتا۔ میں اِس بات میں تھوڑا سا اضافہ کرنے کی جسارت کروں گا۔ میرا خیال ہے کہ محض محبت یا محض نفرت کی بنیاد پر لکھا جانے والا خاکہ شاید ہی معیاری ہونے کی سند پا سکتا ہے۔ آپ کسی فرد سے صرف محبت یا محض نفرت کا تعلق تو رکھ سکتے ہیں، لیکن اگر آپ اِس میں سے کسی ایک کیفیت میں رہ کے اُس فرد کا خاکہ تخلیق کریں گے تو خدشہ ہے کہ یہ خاکہ یک رخا رہ جائے گا۔ یہاں مجھے ایک بار پھر انور ظہیر خان کے الفاظ یاد آ رہے ہیں، جو خاکہ نگار کو ایک مشاہد، مصوّر اور مبصّر قرار دیتے ہیں۔ میں سمجھتا ہوں کے خاکہ نگاری کے لیے محبت اور نفرت کا آمیزہ درکار ہوتا ہے اور بہ قول انور ظہیر خان:

" شخصیت شناسی کی وہ تمیز و نظر جو سچّے اور پکّے عارف میں ہُوا کرتی ہے۔ خاکے میں توازن پیدا کرنے کے لیے ضروری ہوتا ہے کہ خاکہ نگار غیر جانب داری سے کام

لے۔"

میرا خیال ہے کہ محض تمیز و نظر کا ہونا ہی کافی نہیں ہوتا ورنہ خاکہ نگار اپنے ممدوح کی ایسی تصویر پیش کرے گا جو اُس کی شخصیت کا وہ عکس ہو گا جیسا کہ خاکہ نگار اُسے دیکھنا یا دوسروں کو دکھانا چاہتا ہے۔

جیسا کہ عرض کیا گیا خاکہ نگاری ایک نہایت مشکل صنف ہے۔ خاکہ نگار کے راستے میں ہزار دقتیں ہیں۔ حد تو یہ ہے کہ کبھی کبھی خاکہ نگار کے لیے اپنے ممدوح سے قربت بھی دیوار بن جاتی ہے۔ در حقیقت انسانی شخصیت کے اتنے رنگ اور اِس قدر پہلو ہیں کہ پورے انسان کو گرفت کرنے میں خاکہ نگار ہانپ ہانپ جاتا ہے۔ ہر انسان میں بہروپ بھرنے کی ایک عجیب و غریب فطری صلاحیت موجود ہوتی ہے۔ وہ ہر آن اپنا روپ بدل لینے میں کمال رکھتا ہے۔ اُس کی کوشش ہوتی ہے کہ اُس کی ذات کا صرف وہی حصّہ ظاہر ہو جو پسندیدہ قرار پائے۔ اپنے عیوب اور کم زوریوں کو چھپانے کے لیے وہ کئی کھیل کھیلتا ہے۔ اِس کھیل میں اپنی کامیابی کے لیے اُسے سیکڑوں جتن کرنے پڑتے ہیں، ہزار نقابیں بدلنی پڑتی ہیں۔ ایک اچھا خاکہ نگار وہ ہے جس کی نگاہ اِن نقابوں میں پوشیدہ اچھے برے آدمی کو کھوج سکتی ہو اور جس کا قلم پوری صحت کے ساتھ اُسے بیان کر دینے کی قدرت رکھتا ہو۔ خاکہ نگار کی غیر جانب داری اور اپنی ذات سے بلند ہو کر دیانت دارانہ اظہار کا اصل امتحان اُس وقت شروع ہوتا ہے جب وہ خود اپنی ذات کو خاکے کا موضوع بناتا ہے۔ ایسے خاکے کم سامنے آئے ہیں، جن میں خاکہ نگار نے خود اپنی شخصیت کو چاک پر چڑھایا ہو، اور ایسا جب بھی ہوا ہے تو یا تو خاکہ نگار خود ترسی کا شکار ہو گیا ہے یا اُسے اپنی خوبیاں یا خامیاں بہت زیادہ نظر آنے لگی ہیں۔ اِس مقام پر توازن قائم رکھنا، خاکہ نگار کا اصل کمال ہوتا ہے۔ ہمیں مایوسی سے اعتراف کرنا پڑتا ہے کہ ہمارے اکثر خاکہ نگار اِن اوصاف

سے محروم ہیں۔ یہاں مجھے ایک بار پھر ڈاکٹر بشیر سیفی یاد آتے ہیں، جن کا کہنا ہے:

"ہمارے یہاں ابھی تک خاکہ نگاری، ایک ثانوی صنفِ ادب کی حیثیت رکھتی ہے۔ اکثر اوقات اہلِ قلم کی وفات، تعارفی تقاریب اور شامِ اعتراف کے مواقع پر خاکے لکھّے اور پڑھے جاتے ہیں جن میں اکثر شخصیت کے دونوں رخ نمایاں نہیں ہوتے۔"

میر اسوال یہ ہے، کہ اگر کسی خاکے میں شخصیت کے دونوں رخ نمایاں نہیں ہوتے تو کیا ہم ایسی تحریر کو خاکہ قرار دے سکتے ہیں؟ میر اخیال ہے کہ جن خاکوں میں صاحبِ خاکہ کی پوری شخصیت وجود نہیں پاتی ایسی تحریروں کو خاکے کی صف میں شمار نہیں کیا جانا چاہیے۔ خاکہ وہ ہے جس میں شخصیت کے تمام یا اکثر رنگ اظہار پاتے ہوں۔ عام طور پر خاکہ نگاری کے اِس بنیادی مطالبے سے پہلو تہی کے لیے خاکہ نگار اپنے مزاج کے دھیمے پن، شائستگی اور رکھ رکھاؤ کو آڑ بناتے ہیں۔ اُنھیں یہ تو گوارا ہے کہ اُن کی تخلیق ادھوری رہ جائے، لیکن وہ اِس کے روادار نہیں ہوتے کہ اُن کے ممدوح کی ذات کی سلوٹیں زیرِ بحث آئیں۔ میر اخیال ہے کہ ایسے خاکہ نگار یا تو جرأت رندانہ جیسے کم یاب وصف سے عاری ہوتے ہیں، یا پھر اُنھیں اپنے جذبات کے اظہار سے خوف آتا ہے۔ میں آج تک یہ بات نہیں سمجھ سکا، کہ جو تحریریں خاکے کے چوکھٹے میں پوری نہیں بیٹھتیں، اُنہیں سیدھے سادے طریقے سے مضمون کیوں نہیں کہا جا سکتا؟ کیا خاکہ قرار دیے جانے سے اِن تحریروں کو کوئی انفرادی خصوصیت حاصل ہو جاتی ہے، یا خاکہ نگاری، مضمون نویسی سے افضل کوئی صنف ہے؟ کیا خاکے کے نام پر کچھ بھی لکھ کر لوگ خاکے کی دَم توڑتی صنف میں روح پھونکنے کی مخلصانہ کوششوں میں مصروف ہیں؟ انور ظہیر خان نے درست لکھا ہے کہ صنفِ خاکہ نگاری ایک پامال اور نظر انداز صنف بن کے رہ گئی ہے۔

اس تمام بحث سے ایک بات تو بالکل واضح ہے، کہ خاکہ نگاری ایک بھاری پتھر ہے،

جسے ہمارے اکثر خاکہ نگار محض چوم کر چھوڑ دینا ہی کافی سمجھتے ہیں۔ میں یہ بات اِس بنیاد پر کہہ رہا ہوں کہ گذشتہ چند ماہ کے دوران شائع ہونے والے خاکوں کے مجموعوں سے یہ بات صاف ظاہر ہے۔ یاد رہے کہ ان میں جناب احمد ندیم قاسمی اور محترم نذر الحسن صدیقی جیسی معروف شخصیات کے مجموعے بھی شامل ہیں۔ یہاں مجھے سلیم احمد یاد آرہے ہیں، جنھوں نے عسکری صاحب کی خاکہ نگاری کو زیرِ بحث لاتے ہوئے اُسے ایک ناکام تجربہ قرار دیا تھا اور اِس کی وجہ یہ بیان کی تھی کہ عسکری صاحب جذبات کے اظہار سے ڈرتے تھے۔ سلیم احمد نے ایک کلیدی نکتہ یہ بیان کیا تھا کہ عسکری صاحب کے لیے دوسروں سے جڑنا ممکن نہ تھا۔ گویا سلیم احمد یہ کہنا چاہتے تھے کہ عمدہ خاکے کی تخلیق کے لیے ضروری ہے کہ خاکہ نگار جذبات کے اظہار سے نہ گھبراتا ہو اور اسے دوسروں سے جڑنے کا ہنر آتا ہو۔

سلیم احمد صاحب یہاں دوسروں سے جڑنے سے کیا مراد لے رہے ہیں؟ کیا انھوں نے جڑنے کے عمل کو ضم ہو جانے کے معنوں میں برتا ہے؟ یہ ایک بنیادی بات ہے۔ میں سمجھتا ہوں کہ شاید سلیم احمد یہ کہنا چاہتے ہیں کہ عسکری صاحب خاکہ نگاری میں اس لیے ناکام رہے کیونکہ کہ انھوں نے خود کو بھی اپنے دائرے میں قید رکھا اور دوسروں کو بھی اِس دائرے کے نزدیک نہیں پھٹکنے دیا۔ اگر ہم عسکری صاحب کے عام رویّے کو پیشِ نظر رکھیں تو سلیم احمد کی بات درست نظر آتی ہے۔ یہاں خدشہ ہے کہ شاید سلیم احمد صاحب کے اِس بیان کو صحیح تناظر میں نہ دیکھا جائے۔ اس لیے یہ وضاحت ضروری ہے کہ محمد حسن عسکری کی ناکام خاکہ نگاری پر بغلیں بجانے کا کوئی محل نہیں ہے۔ یہ ایک بڑے آدمی کی ناکامی تھی، جو ناکام ہوتے ہوئے بھی بعض چھٹ بھیّوں کی کامیابی سے کہیں بڑی ہے۔ سلیم صاحب کے اِس بیان سے ظاہر ہے کہ عسکری صاحب کی خاکہ نگاری

کے ناکام تجربے کا بنیادی سبب یہی دوسروں سے نہ جڑنے کی مجبوری تھی۔

میرا خیال ہے کہ سلیم احمد صاحب یہی کہنا چاہتے ہیں کہ جس طرح کوئی پینٹر اُس وقت تک کوئی شاہکار تخلیق نہیں کر سکتا، جب تک وہ اپنے تخیل، خیال یا ماڈل میں پوری طرح ضم نہ ہو جائے، کیوں کہ اِس کے بغیر اُسے اُس کی تمام تر خوب صورتی یا بد صورتی یا دونوں کا عرفان حاصل نہیں ہو سکتا۔ خاکہ نگار کا کام تو اس سے بھی کہیں کٹھن ہے، اُسے تو اپنی قلمی تصویر میں، پورے وجود کو سمونے کے علاوہ، کاغذ پر آدمی کو زندہ کر دینے کا معجزہ بھی دکھانا پڑتا ہے۔ سوال یہ ہے کہ ایسے کتنے خاکے ہوں گے جو اس معیار پر پورے اترتے ہیں ؟ ایسے خاکہ نگاروں کی تعداد انگلیوں پر گنی جا سکتی ہے، جنھوں نے عمدہ خاکے تحریر کیے۔ مولوی عبدالحق کا نام دیو مالی، عصمت چغتائی کا دوزخی، اشرف صبوحی کا کویل زنانہ اور مٹھّو بھٹیارا، اِس کی عمدہ مثالیں ہیں۔ رہے منٹو کے گنجے فرشتے، اُن کا تو خیر کہنا ہی کیا۔ ہمارے زمانے میں لے دے کے چند نام ہیں، جن کے دَم سے خاکہ نگاری کا اعتبار قائم ہے۔ جن میں ممتاز مفتی، آفتاب احمد خان، جناب ڈاکٹر اسلم فرّخی، قرۃ العین حیدر اور ڈاکٹر داؤد رہبر کے نام شامل ہیں۔ اِن بزرگوں کے بعد کی نسل میں بھی کچھ قلم کاروں نے خاکے لکھے ہیں، لیکن ابھی اُن کے کام کی حیثیت اور مرتبے کے بارے میں فیصلہ ہونا باقی ہے۔ اِس ساری بحث سے میرا مدّعا یہ ہے، کہ ہمارے خاکہ نگاروں نے تواتر سے اچھے خاکے تخلیق نہیں کیے۔

کبھی کبھی مجھے ایسا محسوس ہوتا ہے جیسے اِس صنف کو کسی بھی ادیب نے پوری ذمے داری اور والہانہ پن سے اختیار نہیں کیا۔ جس کسی نے خاکہ لکھا، اُس نے اِسے محض وقت گزاری کا مشغلہ سمجھا، اور شاید اِسی لیے اس کے تقاضوں پر توجہ نہیں دی۔ یہاں یہ سوال ایک بار پھر اٹھتا ہے، کہ ادیبوں اور نقّادوں کی خاکہ نگاری کی جانب سے اِس عام بیزاری کا

اصل سبب کیا ہے؟ کیا خاکہ نگاری کو اِس لیے نظر انداز کیا گیا، کیوں کہ اُسے غیر اہم صنف گردانا گیا یا اِس کا سبب خاکہ نگاری کی مشکلات ہیں؟ میرے نزدیک، خاکہ نگاری حقیقت کو افسانہ بنانے کا عمل ہے۔ جس کے لیے توازن، زیرکی، قوتِ مشاہدہ اور حسنِ بیاں درکار ہوتا ہے۔اِس کے لیے ایک الگ قسم کے جوہر کی ضرورت پڑتی ہے، اور ضروری نہیں کہ ہر نثر نگار میں یہ منفرد صلاحیت موجود ہو۔ یہاں میں ڈاکٹر اسلم فرخی صاحب کا وہ تبصرہ نقل کرنا چاہتا ہوں، جو انھوں نے انور ظہیر خان کے خاکوں کے مجموعے "مت سہل ہمیں جانو" پر تحریر فرمایا ہے۔

ڈاکٹر صاحب فرماتے ہیں:

"خاکہ نگاری کا یہ مجموعہ جرأت مندانہ اظہار، صاف گوئی، بے باکی اور حقائق نگاری کا مرقّع ہے۔"

میں سمجھتا ہوں اگر اب اچھے خاکے سامنے نہیں آرہے، تو اس کی وجہ یہ تو نہیں ہے کہ ہمارے خاکہ نگار اُن ضروری اوصاف سے محروم ہو چکے ہیں جن کا تذکرہ ڈاکٹر اسلم فرخی صاحب نے فرمایا یا پھر وہ بہ وجوہ اس نوعیت کے اظہار سے کنّی کتراتے ہیں۔ میرے اس سوال کا جواب آگے چل کے خود ڈاکٹر صاحب نے اپنے اسی تبصرے میں مرحمت فرما دیا۔ وہ کہتے ہیں:

"ہم سچ بولنے اور سچ سننے سے گھبراتے ہیں اور ہمارے اس خوف نے ایک طاقتور معاشرتی رُجحان کی حیثیت اختیار کر لی ہے۔"

اگر ہمارے ادیب اس طاقتور معاشرتی رُجحان کے دباؤ میں سچ سے ہاتھ اٹھا چکے ہیں تو یہ ایک تشویش ناک بات ہے۔ تو کیا، یہ قیاس غلط ہو گا کہ یہی طاقت ور معاشرتی رُجحان خاکے کے ساتھ اب دیگر اصنافِ ادب کو بھی اپنی لپیٹ میں لے رہا ہے اور ہمارے عہد

میں ادبی انحطاط کا ایک بڑا سبب بھی یہی ہے؟

انور ظہیر خان، خاکہ نگاری کے بارے میں مثبت اور بالکل واضح سوچ رکھتے ہیں۔ مجھے اُن کی سوچ اپنے خیالات سے قریب ترین محسوس ہوتی ہے، جس کا اندازہ اِس گفتگو سے لگایا جاسکتا ہے جس میں اُن کو بار بار حوالہ بنایا گیا ہے۔ خاکے کے بارے میں اُن کے خیالات کتنے ہی وقیع سہی، لیکن میں انور ظہیر خان کے حوالے سے یہ ضرور کہوں گا کہ خود وہ بھی اپنے اکثر خاکوں میں اُن تمام شرائط کو پورا کرتے نظر نہیں آتے جن کا اُنھوں نے اپنے مضمون میں تذکرہ کیا ہے۔

اب آخر میں چند باتیں، خاکے کے زیرِ نظر مجموعے "تصویر خانہ" کے بارے میں۔ اِس مجموعے میں شامل تقریباً تمام خاکے میں نے اپنے شاعر دوستوں پر تحریر کیے ہیں اور دیانت دارانہ کوشش کی ہے کہ اِن احباب کو ایسا ہی دکھا سکوں، جیسا کہ یہ میرے تجربے کا حصّہ ہیں۔ میں یہاں اِس بات کی وضاحت بھی ضروری خیال کرتا ہوں کہ اس کتاب میں شامل اکثر خاکے میں نے اپنے دوستوں کی زندگی میں تحریر کئے اور اُن میں سے اکثر دوستوں نے نا صرف اِن کا مطالعہ کیا، بلکہ مجھے اپنے ردِّ عمل سے بھی سرفراز کیا۔ مجھے ایک متنازعہ خاکہ نگار کا تعارف حاصل ہے اور شاید یہی میرے تخلیقی عمل کی سچّائی کا ثبوت بھی ہے۔

میں اپنی اِس کوشش میں کس حد تک کامیاب ہو سکا ہوں۔ اِس کا آخری فیصلہ تو آپ ہی کریں گے، لیکن مجھے یہ کہنے کی اجازت دیجیے کہ اِس حوالے سے میں اپنے ضمیر پر کوئی بوجھ محسوس نہیں کرتا۔ کتاب کی اشاعت میں جن احباب نے مجھ سے معاونت کی یہاں اُن میں سے چند کا تذکرہ میں ضروری خیال کرتا ہوں، ان میں ڈاکٹر اقبال پیرزادہ، زیب اذکار حسین، راؤ وقار انجم، موسی کلیم، ممتاز سومرو اور معراج جامی صاحب وغیرہ

شامل ہیں۔ میں اپنے اہلِ خانہ کا بھی ممنون ہوں جنھوں نے میری تحریری مصروفیت کی ہمیشہ ہمت افزائی کری۔ مجھ پر اپنے بہت سے اور مہربانوں کا شکریہ ادا کرنا قرض ہے لیکن کسی ایک یا چند افراد کا تذکرہ کرکے میں باقی افراد کی حق تلفی کرنے کی خود میں جرأت نہیں پاتا۔ میرے لیے وہ سب محترم ہیں اور میں اُن سب کا بے حد ممنون ہوں۔

او کھا منڈا: منیر نیازی

وہ ایک شہر طلسم تھا۔ جس میں شاہ زادے نے، اپنے افسوں سے، ایک عمارتِ عالی شان قائم کر رکھی تھی۔ اِس عمارت کا مکیں، رہتے ہوئے، خود شاہ زادہ، ایک اساطیری حیثیت اختیار کر گیا تھا۔ شہر میں اُس کے حوالے سے، عجب ناگوار کہانیاں گردش کرنے لگی تھیں۔ کوئی کہتا، وہ خود پسندی کے روگ میں مبتلا ہے، تو کوئی گمان کرتا کہ وہ خوف زدہ ہے۔ تو کوئی گرہ لگاتا کہ وہ اپنے ماضی میں دفن ہے، اور کوئی، دور کی کوڑی لاتا اور حکم لگاتا کہ وہ دنیائے خیال کا باشندہ ہے۔ حالانکہ اِن تمام افواہوں میں کوئی سچائی نہ تھی۔ بات محض اتنی تھی کہ شاہ زادہ، حسن کا شیدائی تھا اور ایسی خوبصورت دنیا میں زندگی گزارنے کا تمنائی، جیسے خود اُس کے خواب و خیال مجسم ہو گئے ہوں، اور یہ دنیا جس میں وہ زندگی کرنے پر مجبور تھا، اُس میں بدصورتی اور بد ہئیتی، اس کے چاروں اور، رقصاں تھی۔ شاہ زادے کے لیے یہ ایک نوع کی سزا تھی، جسے اُسے جھیلنا ہی تھا۔ اپنی اِس بپتا کو سہل کرنے کیلیے، اُس نے آئینہ اختیار کیا، اور اپنے عشق میں مبتلا ہو کر، زندگی کی ڈور کاٹنے لگا۔

اِس مردِ خدا کی، شاہ زادگی کا معاملہ بھی عجب تھا۔ دراصل، اُسے اپنا شمار، اُس خلقتِ عام میں ہونا، ہرگز گوارہ نہ تھا، جو اُس کے اردگرد کی فضا کو، اپنے تنفس کی بُو سے، مکدّر کیے ہوئے تھی، لیکن اِس ماحول سے چھٹکارہ تو اِسی صورت میں ممکن تھا، اگر وہ اِن عامیوں سے دور، کسی بلند سنگھاسن پر، براجمان ہوتا۔ اِس شخص کی وجاہت، متاثر کن ڈیل ڈول اور شخصیت سے اظہار پاتے وقار نے مل جل کے، اُسے تیقّن کی اُس منزل پر پہنچا دیا۔ جہاں

آدمی بلا جھجک، کوئی بھی فیصلہ صادر کر گزرتا ہے۔ سُو، منیر نیازی نے، شہزادگی اختیار کی اور کسی شاہ زادے کے سے طور و اطوار اختیار کر کے، اپنے گرد خوش بو کا حصار قائم کرنے کے جتن کرنے لگا۔ اِس کوشش میں اُس کی یادداشت سے، وہ چھوٹی سی لائبریری بھی محو ہو گئی۔ جو اُس نے کسبِ معاش کے لئے، منٹگمری شہر کی ایک تنگ گلی کی، مختصر سی دکان میں، کبھی قائم تھی۔

منیر نیازی نے، اپنے تئیں تو ایک نیا شخصی جاہ و جلال اختیار کر لیا تھا، لیکن اِس میں مسئلہ یہ تھا، کہ حیثیت کی تبدیلی، ہمیشہ سے دو طرفہ قبولیت کی متقاضی رہی ہے۔ جب کے یہاں تو، ایک ہمارا شہزادہ ہی، اپنی بات منوانے پر تُلا ہوا تھا۔ منیر نیازی کے اِس اصرار کے خلاف ایک خاموش ناپسندیدگی فضا میں ڈولنے لگی۔ جس نے شدّت اختیار کر کے، آخرِ کار انکار کا روپ دھار لیا۔ آدمی کا تنہا رہ جانا، اُس کے دن ہی بے رنگ نہیں کرتا، اُس کی راتیں بھی درہم برہم کر دیتا ہے، اور اگر سکون نہ ہو، تو نیند کہاں؟ اور جب نیند کی دیوی بھٹک جائے، تو خواب بھی رستا بھول جاتے ہیں، اور ہمارے شاہ زادے کا کل اثاثہ تو بس، خواب ہی تھے۔ اُس نے جیسے تیسے، یہ کڑا وقت کاٹا اور آخر ناچار ہو کے، اُس طلسم کو کام میں لایا، جو اُس کی تنہائیوں نے اُسے تعلیم کیا تھا۔ یہ جو قصرِ باکمال ہم دیکھتے ہیں۔ یہ اُن ہی اسماء ہوش رُبا کا ثمر ہے۔ اِس پُر شکوہ عمارت کا نظارہ، آپ پر ایک قسم کی ہیبت طاری کر دیتا ہے۔ اِس کے کشادہ اور بلند و بالا منقّش دروازے پر دستک دینے سے قبل، آپ کو بہت سا وقت، اپنے حواس و ہمّت اور ارادوں کو مجتمع کرنے میں صرف کرنا پڑتا ہے۔ آپ کو کھٹکا رہتا ہے کہ کہیں، آپ کی ناوقت کی یہ در اندازی، ہواؤں سے برسرِ پیکار شاہ زادے کے اشتعال میں شدّت کا باعث نہ بن جائے اور ناگاہ آپ پر، بھتنے، بدروح یا مکروہ مخلوق ہونے کا گمان نہ کر لیا جائے۔ خواب نگر کا شاہ زادہ منیر نیازی، اپنی اقلیم میں، کسی ناپسندیدہ

انسان، منظر، پیڑ، پرند یا پگڈنڈی تک کو جگہ دینے کا روادار نہیں تھا۔ اگر اُسے کسی چیز میں من چاہی خوش نمائی نظر نہ آئے تو یا تو، اُسے حقارت سے رد کر دیتا ہے، یا خیال کی رنگ برنگی پنّیاں چپکا کے اُنھیں اپنے لیے قابلِ برداشت بنانے کی کوشش کرتا ہے۔ اگر یہ ممکن نہ ہوتا، تو ایک چھوٹا سا خواب تشکیل کر کے اُس کی جگہ لا رکھتا ہے۔ اِس عمارت کی تیاری میں اُس نے اپنی کتنی ہی راتیں اور دن سیاہ کر ڈالے۔ اب یہی اُس کی پناہ گاہ تھی۔ جہاں وہ دنیا جہاں کی بد صورتی سے منہ موڑے خود اپنی نظارگی میں گم رہا کرتا، جب اِس مشغلے سے جی سَیر ہو جاتا، تو دنیائے خیال سے کسی کو طلب کر کے، کسی عالمِ نو ایجاد کا قصّہ لے بیٹھتا اور اگر یہ نہیں تو اپنے کسی دور پار کے دشمن پر کونے میں آدم قد آئینے نصب تھے، جنھیں کچھ اِس ترکیب سے آویزاں کیا گیا تھا کہ وہ محض، حسن کو منعکس کیا کرتے۔ یہ عمارت دراصل منیر نیازی کے خوابوں کا جنگل تھا۔ جس میں ہر طرف دھنک ایسی رنگا رنگی تھی اور یہ آئینے وہ راتیں، جن میں اُس کے خواب نمود پاتے۔ اِس جنگل میں ایسا لگتا تھا، جیسے بہار نے دوام حاصل کر لیا ہو۔ یہاں کے چرند پرند کی خوش رنگی اور آوازیں، حسن اور نغمے تخلیق کیا کرتے، اور پائیں باغ کی مہک، منیر نیازی کے مشامِ جاں کو معطر رکھتی۔ اُس باغ کی ہفت رنگ بیلوں سے لٹکتے انگوروں کے خوشے، کہ جن کا ہر دانہ، جیسے آبِ آسودہ کا ایک جام جہاں خیز تھا۔ جنھیں محض آنکھوں میں بسا کے ہی ہمارے شاہ زادے کے قدم لڑکھڑانے لگتے اور آنکھوں میں گلابی اُتر آتی، اور عمارت کے اَن گنت کمرے، جن کے شمار کرنے میں آدمی کو ہندسے کی عاجزی باور آئے، اور کہ جن میں سے ہر ایک کی سجاوٹ دل فریب اور منفرد، اور اِس سامانِ آرام و عیش میں حسن و نزاکت کا مرقّع دوشیزۂ فتنہ خیز، جس کی محض ایک جھلک، آدمی کو دیوانہ بنا دے اور لطف یہ کے ہر کمرے میں ایک سے بڑھ کے ایک پُر کشش اور دل آرام اور جاں سوز حسینائیں، اپنی اپنی

آگ میں دھکی ہوئیں، کہ انھیں شاہ زادے کی قربت فراغت سے نصیب نہیں۔ یہاں تو وہی، ایک انار سو بیمار کا معاملہ ہے، اگر وہ اُن میں سے کسی ایک سے ملاقات کی فرصت پاتا بھی ہے تو بس گھڑی بھر کی، اور یہ لمحۂ اختلاط اُس دکھیاری کے آتشِ شوق کو اور سوا کر جاتا ہے۔ اِدھر منیر نیازی ہے کہ اپنے لفظ و خیال کا پٹارا حواس پر بار کیے۔ اپنی زندگی کی تلخیوں اور ناکامیوں اور ناآسودگیوں سے آنکھیں چُرائے، رستا بتانے والے ستارے کی رہ نمائی میں، ماہِ منیر کا تصور کیے سفر کی رات کاٹتا جاتا ہے۔ وہ خوب آگاہ ہے کہ کچھ کوس پرے اُس بے وفا کا شہر ہے جو اُس کی راہ کی دیوار بنے گا۔

لیکن یوں آنکھیں چرا لینے سے حقیقت کہاں بدلتی ہے۔ ہر کیم کو ایک منحوس دستک اُس کے تمام کئے دھرے پر پانی پھیر دیتی ہے، اور اُسے کچھ نہیں سوجھتا کہ اِس بار کچھ دن کی مہلت کے لیے مالکِ مکان کو کیوں کر آمادہ کیا جائے۔ منیر نیازی، مشاعروں میں خواہ کتنا ہی تہلکہ مچاتا ہو۔ ادب دوست اُس کے اشعار پر کتنا ہی سر کیوں نہ دھُنتے ہوں۔ مگر علاج کی غرض سے معالج تک پہنچنے کے لیے تو جیب کا بھاری ہونا از بس ضروری ہوتا ہے اور مشاعرے بازی سے کس شاعر نے اتنی چاندی کمائی، کہ اُسے اتنی فراغت نصیب ہو کہ اُس کا چولہا بھی روشن رہے اور اُس کے وابستگان کی دوا دارو بھی سہولت سے چلتی رہے اور وہ ملبوساتی معاملات و مشکلات سے بھی چنداں پریشان نہ ہوتا ہو اور اس کی نسلِ آئندہ آبرومندی سے، علم سے بھی آراستہ ہو رہی ہو۔ یہ تو وہ چند ضرورتیں ہیں، جن سے آدمی کا ہر پَل کا واسطہ ہے۔

اور منیر نیازی جیسا خواب زدہ! اُس کے مطالبات تو اِس سے کہیں سوا ہوں گے۔ سب سے بڑھ کے بنتِ انگور ہے کہ اگر وہ میسر نہ ہو تو خواب کیسے تشکیل پائیں، شام کیسے مہکے؟ تو اب، اگر منیر نیازی خواب نہ دیکھے تو کیا مر جائے؟ سُو وہ خواب دیکھتا ہے اور

خوب دیکھتا ہے۔ بلکہ سچ تو یہ ہے کہ اُس کی زندگی ایک مسلسل خواب ہے اور اپنے خوابوں میں ہمارے شاہ زادے کو جو آسودگی اور اطمینان اور تن آسانی حاصل ہے، یہ دراصل اُس کے اپنے تخیل کی زرخیزی ہے۔ مگر اتنا بھی کسی کو کب مرغوب ہوا۔ ہمارا شہزادہ اچھا بھلا، اپنی خوابوں کی نگری میں مست و مگن تھا کہ میلی نگاہوں کا ہدف ٹھہرا، اور وہ عمارت بھی زمیں بوس ہوئی، جہاں اِس جنم جلے نے پناہ لے رکھی تھی۔

جب اُس نے چھ رنگین دروازوں والی اِس عمارت کو خیر باد کہا اور اپنی دراز قامت اور سرخ و سفید رنگت اور خوب رُوئی لیے، لباسِ عالی شان زیب تن کیے، پھرتا پھراتا مال روڈ کی پاک ٹی ہاؤس کی دروازے پر آیا تو بد صورتی اور بلاؤں اور بھتنوں اور پچھل پیریوں کا ایک انبوہ کثیر وہاں موجود تھا۔ پاک ٹی ہاؤس میں ہفتہ وار تنقیدی نشست میں پوری مستعدی سے جگت بازی جاری تھی۔ میں نے یہیں منیر نیازی کو پہلی بار دیکھا۔ چوڑے ماتھے پر مٹی مٹی سی سلوٹوں کا جال اور ایک چمک، جو اُس کی ظفر مندی پر دلیل تھی، سلیقے سے کاڑھے گئے مہین گھنے بال اور سرور کی بوجھ سی مندی مندی درمیانی آنکھیں، جن میں مستی تیر رہی تھی، اور بھاری پپوٹے، گویا وہ صبح و شام غرقِ مئے ناب رہنے کی عادی تھی، اور ننھی منّی سی ناک، جس کی نتھنے خاصی کشادگی رکھتے تھے اور مناسب سا دہانہ اور پتلی پتلی ہونٹوں سی جھانکتے، زردی مائل دانتوں کی آزاد صفاچٹ دمکتا چہرہ، اور لفظوں کا ٹوٹ ٹوٹ کر ادا ہونا، اور سانس کی ساتھ فضا میں بکھرتی بنتِ انگور کی ناگوار سی بو، اور تندرست و توانا جسم، اور لمبے چوڑے ہاتھ پاؤں، اور بدن پر کڑھا ہوا بوسکی کا کُرتا، اور لٹّھے کی چٹک مٹک کرتی شلوار، اور جگ مگ کرتے کھُسّے اپنی بہار دکھا رہے تھے۔

منیر نیازی کے اندر کا دیہاتی ہمک ہمک کر اپنے اظہار کو مچل رہا تھا۔ لیکن وہ ایک نہایت متاثر کن اور اثر انداز ہونی والی شخصیت تھی۔ میں اُس کی وجاہت سے مرعوب،

ٹھٹکا ہوا کھڑا تھا ناگاہ ایک پُر جوش سرگوشی سنائی دی، ” ارے بابا! یہ تو منیر نیازی ہیں، آؤ ملتے ہیں۔“ یہ پروفیسر حسن علی رضوی تھے۔ جنھیں ہم سب بابا رضوی کہہ کر مخاطب کیا کرتے تھے، اور مَیں اُن ہی کی میزبانی میں اِن دنوں لاہور میں تھا۔ بابا رضوی پُر اسرار علوم کے ایک بڑے آدمی ہیں لیکن انھیں حیران کن حد تک، ادیبوں اور شاعروں سے دل چسپی تھی۔ شاید اِن دونوں علوم کے ڈانڈے کسی سرے پر جا کے جڑ جاتے ہیں۔ میں ابھی گومگو کی کیفیت میں ہی تھا کہ بابا رضوی نے منیر نیازی سے اپنی انگشتری اتارنے کو کہا۔ منیر نیازی اِس بے ڈھب فرمائش پر لحظہ بھر کو ٹھٹکا اور پھر جانے کیا سوچ کے انگوٹھی اتار، بابا رضوی کے حوالے کی۔ بابا نے منیر نیازی کی آنکھوں میں جھانکتے ہوئے بڑے اعتماد سے سوال کیا۔ ”منیر صاحب! آپ کون سی خوش بو پسند کرتے ہیں؟“

”خوش بو؟“ منیر نے کچھ نہ سمجھنے کی انداز میں بابا کی بات دھرائی پھر بے دھیانی سے بولا۔ ”رات کی رانی، مجھے یہی خوش بو پسند ہے۔“ بابا منہ ہی منہ میں کچھ بدبدائے اور پھر انگشتری پر پھونک مار کے اُسے منیر نیازی کی طرف بڑھا دیا۔ لیجیے، رات کی رانی، صبح تک لطف لیتے رہیے۔“ منیر نیازی نے الجھی ہوئی نظروں سے بابا کو دیکھتے ہوئے انگوٹھی کو سونگھا تو مارے حیرت کے اُس کی آنکھیں پھٹی کی پھٹی رہ گئیں۔

یہ بابا رضوی کا پرانا پینترا تھا۔ وہ جس سے متاثر ہوتے اُسے حیران کرنے کے لیے اپنا یہی چٹکلا آزماتے تھے۔ اِدھر منیر نیازی، پاک ٹی ہاؤس کی دروازے کی طرف رخ کیے تقریباً دہاڑ رہا تھا۔ ”یہ ہے زندہ جادو، شیطان کے سجنو! لفظوں کا چہرہ بگاڑنے والی بدروحوں! یہ ہے زندہ جادو۔ دیکھو سچ نے سچ کو ڈھونڈ نکالا۔“ یہ کہتے ہوئے منیر وہیں بابا کی قدموں میں بیٹھ گیا۔ یہ کارروائی اِس قدر اچانک ہوئی کہ میرے ساتھ بابا رضوی بھی گھبرا گئے۔ اُنھوں نے جیسے تیسے منیر کو زمین سے اٹھا کر سینے سے لگایا اور پھر وہاں سے کھسکنے کی راہ

کھو جنے لگے۔ اُنھیں منیر کی بے پناہ عقیدت اور غیر معمولی رویئے نے بد حواس کر دیا تھا۔ حالاں کہ، وہ بے حد مضبوط اعصاب کے آدمی تھے۔

لاہور میں منیر نیازی کے گرد و پیش کی فضا نہایت ناموافق تھی۔ اُس کے بڑ بولے پن اور اونچی آواز میں کی جانے والی خود کلامی کی عادت نے اسے اپنی زمین پر ناپسندیدہ بنانے میں بڑا حصّہ لیا تھا۔ منیر جس شدّت سے نظر انداز کیا جا رہا تھا۔ اتنا ہی زیادہ اُس میں خود مرکزیت کا جذبہ زور پکڑ رہا تھا۔ اِس کی باوجود ہمارے شاہ زادے نے اپنے شعروں کی فسوں خیزی سے ارد گرد کے کھردرے پن کو ہموار کرنے کے جتن جاری رکھے، لیکن اُس کے لہجے کی اجنبی نغمگی زیادہ دیر تک مقامیوں کو اپنا اسیر رکھنے میں ناکام رہی۔ آخر اُس نے چار چپ چیزیں اختیار کر کے فیصلہ کیا کہ اب وہ ہر شام، دشمنوں کی درمیان گزارے گا۔ وہ جانتا تھا کہ وہ، تیز ہوا کی زد پر کھلا ہوا، ایک تنہا پھول تھا۔ اُس کی فن کی پہلی بڑی گواہی دور دیس کے ایک شہر سے آئی۔ جہاں نقار خانے کی طعام گاہ میں، نوجوان لڑکے لڑکیوں کی جھرمٹ میں گھرا، بڑھاپے کی دہلیز پر دستک دیتا ہوا، گہری رنگت کا چاق و چوبند دانشور قمر جمیل، اُس دور پار کے شاعر منیر نیازی کے، ہوا کو معطر کرتے ہوئے لفظوں سے دہکا اور مہکا ہوا، اپنی شاگردوں کو، خواب نگر کے شاہ زادے کی شاعری کے محاسن تعلیم کر رہا تھا۔ اُس کی آواز کی چمک سے اِس طعام گاہ کی نیم روشن فضا میں، جیسے جگنو جگمگا رہے تھے۔ وہ اپنی جمی ہوئی کھرج دار آواز میں اپنے کلام کا جادو جگاتے ہوئے کہہ رہا تھا۔ ” منیر نیازی کی شاعری میں روحِ عصر بولتی سنائی دیتی ہے۔ وہ جدید حسیت کے اعلیٰ ترین شعور کا مالک ہے۔ اُس نے اپنی شاعری سے جو طلسمی دنیا خلق کی ہے، اس کا ہر منظر، ہمیں ایک جہانِ نو کی سیر کراتا ہے۔ میں اُس کے مصرعوں میں بڑی شاعری کی امکانات دیکھتا ہوں۔

دلوں میں گرو کا کہا ہر لفظ، منیر نیازی کے لیے محبت کا ایک نیا چراغ روشن کر رہا ہے۔ رئیس فروغ، دھیمی آواز میں منیر کا کوئی مصرعہ دہراتے ہیں۔ سید ساجد، اپنی گول گول آنکھیں گھماتے ہوئے، شعر مکمّل کرتا ہے۔ فاطمہ حسن، لالی سی لتھڑے ہونٹ باہر کو دھکیلے، چہرے پر عقیدت سجائے، اپنی تصور میں منیر کو تصویر کیے کوئی دور کا خواب دیکھ رہی ہے۔ ثروت حسین کے دہکتے گالوں پر اپنے پسندیدہ شاعر کی تذکرے سے جیسے سرخی دوڑے ہوئے ہے۔ شوکت عابد، اپنی نوٹ بک سنبھالے، گرو کے مکالماتِ جمیل رقم کر رہا ہے۔ اِس نقار خانے میں منحرفین کی یہ چوپال تقریباً روزانہ ہی اپنے سرخیل کی قیادت میں یہاں بیٹھک جماتی ہے۔ یہی وہ گروہ ہے، جس نے نثر میں شاعری کے امکانات کو اپنی منزل قرار دے کے، اپنے دن رات ایک کیے ہوئے ہیں۔ اُن کا سر پنچ کہ کلام میں کمال کے درجے پر فائز ہے اور فرانسیسی شعرا کے تخلیقی جوہر کو گراں مایہ جانتا اور مانتا ہے۔ اُس نے غزل کو از کار رفتہ قرار دے کے نوجوانوں کے ریوڑ کے ریوڑ کو انحراف کی یہ راہ سمجھائی ہے۔ لیکن اِس وقت گرو جس شاعر کو مرکزِ گفتار بنائے ہوئے ہے اور جس کی شاعری میں اُسے روح عصر کی گونج سنائی دیتی ہے۔ اُس کا اثاثہ وہی بوسیدہ صنف "غزل" ہے، جس کے خلاف اُس نے ایک محاذ کھول رکھا ہے۔ مَیں، جو طلسمِ شعر کا تازہ تازہ اسیر ہوا ہوں، اِن لڑکے لڑکیوں سے، تعلق کی ایک ضعیف و قوی ڈور میں بندھا ہوا ہوں اور ایک وقت کے راتب کی بو سونگھتا اکثر اِدھر آنکلتا ہوں۔ اِس ہجوم میں شامل، مملکتِ شعر میں، ایک شہزادے کی فتوحات کے چرچے سن رہا ہوں۔ وہ شاعر، جسے اُس کے اپنے شہر میں نظر انداز کیے جانے کے سزا سنادی گئی ہے اور دور دیس کا ایک ادھیڑ عمر شاعر، اُس کی لیے اپنی آغوش وا کیے، اپنے ہم راہیوں میں اُس کے شایانِ شان استقبال کی فضا استوار کر رہا ہے۔ مجھے، قمر جمیل کے جذبے کی یہ کوملتا بھلی لگ رہی ہے۔

قمر جمیل کے اِس روز روز کے بھاشن اور نوجوانوں کے گروہ میں منیر نیازی کی شاعری کے بارے میں ایک سازگار فضا نے، دیکھتے ہی دیکھتے کراچی کو منیر نیازی کے مفتوحہ شہر میں بدل دیا۔ اب ہر طرف اُس کی نظموں، غزلوں کا چرچا تھا اور پھر ہمارا شہزادہ ایک تواتر سے کراچی میں ڈیرہ لگانے لگا۔ اِس پورے معاملے میں سب سے اچھی بات یہ تھی کہ کراچی کے ایک بڑے فعال گروہ نے لاہور کے ایک جیوٹ شاعر کو سب سے پہلے گلے لگایا۔ منیر نیازی کی شاعری کا انکار ہی شاید اُس کا سب سے بڑا مسئلہ تھا۔ جب یہاں اِس پُرجوش انداز میں اُس کا اعتراف کیا گیا تو وہ، جیسے پھر سے جی اٹھا۔ اُس کے چہرے کی وہ شادابی لوٹ آئی تھی جسے میں نے لاہور میں نظارہ کیا تھا اور جو لڑائیاں لڑتے لڑتے دَم توڑ چلی تھی۔ اُس کے لہجے کا وہ طنطنہ اور اعتماد بھی اُس کا ایک وصف شمار کیا جاتا، اگر اُس سے ہمارے شاہ زادے کی خود پسندی اور کسی حد تک تکبّر، اظہار نہ پا رہی ہوتی۔ یہ سب کچھ اب تقویت پا کے دوبارہ اپنے اصل کرارے پن کی طرف لوٹ رہا تھا، کراچی والوں کو اُس کی یہ ادا بھی بہت خوب لگی۔ بلکہ ابتدا میں تو چند نوجوانوں نے اپنی معصومیت میں منیر نیازی کے اِس رویے کو اپنا کے ماحول بے سبب مسموم بھی کیا۔ خالی ڈبّوں کا یہ شور شرابا کس کو بھلا لگتا؟ منیر نیازی اگر کچھ کہتا تھا تو اُس کی اندر تو خیر ایک طاقت تھی، ایک آگ تھی، جسے اس نے ہمیشہ دہکائے رکھا تھا اور جب اندر کی حرارت ناقابل برداشت ہو جاتی تو وہ انگارے اگلنے لگتا۔ رائٹرز گلڈ کو اکادمی ادبیات میں ضم کر دیا جائے، گلڈ پر پبلشروں اور بینکرز کا قبضہ ہو گیا ہے۔ میرے ارد گرد بدصورتی کا احساس بڑھ گیا ہے اور میں ایک مکروہ اور بد ہیئت معاشرے کے ردِّ عمل میں شعر تخلیق کرتا ہوں اور انسانی رشتے مسخ ہو چکے ہیں۔ میں ناپاک لوگوں سے مکالمہ کر کے خود کو ناپاک نہیں کرنا چاہتا، اور کہ پنجاب میں مجھے کم زور کرنے کے لیے ہی قتیل شفائی کو آگے بڑھایا جا رہا ہے۔ میں

مکّار روحوں کے نرغے میں ہوں۔ وہ کہتا ہے کہ ہم ایک اذیت پسند معاشرے میں رہتے ہیں۔ جہاں کوئی ہم پر براہ راست حملہ آور ہوتا ہے تو کوئی نظر انداز کرکے ہمیں ہلاک کر دیتا ہے۔ اِس قسم کی تلخ نوائی کے بعد، اگر ہمارے شاہ زادے کے تخلیقی جوہر سے انکار کیا گیا یا اُسے نظر انداز کرکے اُس کی روح تک کو زخم زخم کر دیا گیا یا اُسے ہر طرح کے انعام و اکرام سے محروم رکھا گیا تو اِس میں ایسا عجب کیا ہے؟ یہ تو ہونا ہی تھا۔ اگر کوئی مسخ معاشرے میں سچ کے پھول کھلانے کے جتن کرے، تو اُسے نیزے کی اَنی کو سینے پر جھیلنے کا حوصلہ بھی پیدا کرنا پڑتا ہے۔

منیر نیازی کراچی آتا، تو اُس کے گرد بونوں کا مجمع لگ جاتا۔ اِس ہجوم میں خود کو دیو قیاس کرکے خود پسندی کا شیطان اُسے خوب خوب بہکاتا اور وہ، اپنے انٹرویوز میں بہانگ دہل اعتراف کرتا کہ ہاں، خود پسندی میرا دفاعی ہتھیار ہے، اپنی بات کی تاویل وہ کہتا کہ خود پسندی کا شکار صرف وہی ہو سکتا ہے جو اس کا اہل بھی ہو۔ اپنی اسی جھونک میں وہ یہاں تک کہہ گزرتا ہے کہ کبھی کبھی میں سوچتا ہوں کہ ملک میں اکیلا مَیں ہی شاعر ہوں۔ لیکن اِسی کے ساتھ اُسے یہ شکایت ہمیشہ رہی کہ اُسی ہر چیز کی نفی کرنے والے ایجی ٹیٹر کے طور پر پینٹ کر دیا گیا ہے۔ ہمارا شہزادہ کسی کو رہبر بنانے پر بھی آمادہ نہیں ہے۔ اُسے خطرہ ہے کہ وہ گم کر دیا جائے گا۔ اگر اس گفتگو کے پس منظر میں ہم اپنے شاہ زادے کے ماضی پر نظر کریں تو ہمیں معلوم ہو گا کہ اُسے بہت معمولی سزا جھیلنی پڑی ورنہ اِس انداز میں گرجنے، چمکنے کی کم از کم سزا سنگساری ہونی چاہیے تھی، یہ کراچی کے دیوانوں کی محبت تھی جو اُس کی ڈھال بن گئی۔ اب اگر منیر نیازی کے مستقبل کے حوالے سے دیکھا جائے تو لگتا یہی ہے کہ وہ بھی کچھ ایسا تابناک نہیں ہے کہ اپنی گیارہ کتابوں پر سوار ہو کے وہ جہاں تک آپہنچا ہے۔ شاید اِس سے آگے اُس کے لیے زیادہ روشنی نظر نہیں آتی۔ بلکہ

اب تو ایسا لگتا ہے جیسے وہ اپنی اننگ مکمّل کر چکا ہے۔ کیوں کہ پچھلے دو سال سے اُس نے ایک مسلسل چپ سادھ رکھی ہے۔ اب تو اُس کی جانب سی یہ گلہ بھی سنائی نہیں دیتا کہ اُس کا پبلشر اُسے رائلٹی ادا نہیں کر رہا۔ اُسے اب اِس بات سے بھی کوئی علاقہ نہیں رہا کہ شاعری کے نام پر کسے نوازا جا رہا ہے اور کون ہے جسے حق سے محروم کر دیا گیا۔ کیوں کہ اب، جب وہ خود ہی نہیں ہے تو شاید اُس کی لیے کوئی اور بھی باقی نہیں رہا ہے۔ نیرنگیِ زمانہ بھی خوب ہے۔ یہ وہی شخص ہے، جو مخالف سمت سے آنے والے ہوا کے جھونکے پر بھی تلوار سونت لیتا تھا اور آج اس کے آس پاس موت اور بیماریاں ہیں، وہ تھکن سے چُور فریاد کناں ہے، میرے عذابوں کو شیئر کرو، مجھے پے در پے شکستیں ہوئی ہیں۔ لیکن اب کون ہے جو اُس کا غم بانٹے، قمر جمیل اب رہے نہیں، رئیس فروغ بھی جنت مکانی ہوئے، ثروت حسین نے عدم کی راہ لی، سید ساجد کی سانس کی ڈور کاٹ دی گئی۔ سراج منیر عین جوانی میں خالق حقیقی سے جا ملے اور جو رہ گئے، اُن پر خود اپنا بوجھ بھاری ہے، وہ کسی گرتی ہوئی دیوار کو کیا سنبھالیں۔ ایک لے دے کے فاطمہ حسن ہیں، جو پوری استقامت سے ایک بڑے شاعر کی پرچھائیں سے تعلق کی ڈور میں بندھی ہوئی ہیں۔ لیکن وہ بھی شاید اُس وقت تک جب تک منیر نیازی کی نیوز ویلیو باقی ہے۔ اِس میں کوئی ایسی بری بات بھی نہیں، آخر اِس کمزور لڑکی کو بھی تو زندہ رہنا ہے۔ اُس کی سرکاری گاڑی بے مصرف چیزیں ڈھونے کے لیے نہیں بنی۔ آخر کب تک وہ "ہمدرد عورت" کی پھبتی سہتی رہے۔ ابھی حال ہی میں تو وہ جمال احسانی کے بوجھ سے آزاد ہوئی ہے اور منیر نیازی تو یوں بھی ہمیشہ سے بہت زیادہ کا طلبگار رہا ہے۔ لیکن اب تک، جب کبھی منیر نیازی کراچی آتا ہے۔ فاطمہ حسن ایک پُر جوش میزبان کی طرح اُس کی مدارت کرتی ہے۔ زندہ، مردہ تقریبات اور افراد سے اُس کی ملاقات اور شرکت کو یقینی بناتی ہے اور جواب میں اِس بے چاری کو ملتا کیا

ہے؟ بس ایک کالمی، چند سطری خبر اور وہ بھی اندر کے صفحات میں، اب وہ حساب کتاب کی اتنی کچّی بھی نہیں کہ گھاٹے کے اِس سودے کا نوٹس ہی نہ لے، لیکن کیا کیجیے کہ ہمارے شاہ زادے کا طلسم بھی خوب ہے جس نے اِس سانولی لڑکی کو کانٹا نگلی مچھلی میں بدل کر رکھ دیا ہے۔ اب اگر اتنی مدّت گزر جانے کے بعد منیر نیازی کو دیکھیں، تو ہم ایک بلند و بالا عمارت کی خستہ حالی دیکھنے کے پُر ملال تجربے سے گزرتے ہیں۔ جس کی دیواروں میں دراڑیں پڑ گئی ہیں، جب ہم اُسے دیکھ رہے ہوتے ہیں تو ہمیں اِس میں سے جھڑتی مٹّی کی سرسراہٹ صاف سنائی دیتی ہے۔ جب وہ کلام کرتا ہے تو گویا ہم سرگوشیاں سن رہے ہوتے ہیں، اُس کا وہ بلند لہجہ اور دبنگ انداز، جس سے اعتماد اور یقین کے چنگھاڑتے ہوئے دھارے پھوٹا کرتے تھے، لگتا ہے، اُس کے ماضی کے ساتھ دفن ہو گئے۔ آنکھیں گدلی ہو کر اپنی چمک گنوا بیٹھیں۔ ماتھے پر ظفرمندی کی چمک کی جگہ گہری سلوٹوں نے لے لی۔ سر کے بال جو پہلی خاصی گھنے تھے اب گویا رہے ہی نہیں، یہاں تک کہ بھنویں بھی اجڑی ہوئی کھیتی کا منظر پیش کرتی ہیں۔ گال دھنس کے اپنی شادابی سے ہاتھ دھو بیٹھے۔ ہاتھ پیروں میں سے وقت نے توانائی کو چوس ڈالا ہے۔ اب وہ کھڑا ہوتا ہے تو اُس پر، کسی بوسیدہ کمان کا گمان ہوتا ہے۔ اب چار سیڑھیاں اترنے کے لیے ہمارا شہزادہ، چالیس سے زیادہ سانس بھرنے پر مجبور ہے۔ یہ وہی آدمی ہے، جو حرکت تیز تر اور سفر آہستہ آہستہ پر شاکی ہوا کرتا تھا۔ اب جب حرکت ہی نہ رہی تو سفر کیسا؟ جب خواب زدہ کے پلّے میں خواب نہ رہیں، تو وہ ایسا ہی تہی دست ہو جاتا ہے۔

اب اُس نے لاہور کے نواح میں ایک پناہ گاہ بنا لی ہے اور وہاں محصور ہو کے لفظ بھولنے کی مشق میں جتا ہوا ہے۔ اُس نے مکان میں اِس کا خصوصی اہتمام رکھا ہے کہ کوئی دروازہ نہ ہو۔ اب اگر کسی کو اُس تک پہنچنا ہو تو اِس کا واحد ذریعہ ایک تنگ سی کھڑکی ہے

اور وہ بھی صرف اُسی کے لیے وا ہوتی ہے۔ جسے ہمارے شاہ زادے کا ماضی دہرانے کا ہنر آتا ہو، کہ اب وہ جتنا جیسا ہے بس اپنے ماضی میں زندہ ہے۔

جب اُسے مشاعروں میں امریکا، برطانیہ اور دیگر ملکوں میں مدعو کیا جاتا تھا اور وہ ہر جگہ دھومیں مچاتا، ایک نشے کے سے عالم میں ناز نخرے اٹھوایا کرتا تھا۔ لیکن چیتھڑے ہوا لباس کون ملبوس کرتا ہے؟ تو یہ ہے، وہ شاعر شاندار، جو کہتا تھا، میرے روگ خوب صورت خیال اور شعر کہنے سے ختم ہو جاتے ہیں۔ اچھی نظم مجھے تندرست رکھتی ہے۔ جس کے ایک انٹرویو میں ڈاکٹر طاہر مسعود نے توقّع قائم کی تھی۔

"منیر نیازی کو کتنا ہی نظر انداز کیا جائے لیکن اُس کی شاعری اگر سچّی ہے اور اُس میں زندہ رہنے کی قوّت موجود ہے تو تن آور درخت گر جائیں گے، حملہ آور تلوار کو زنگ کھا جائے گا، دشمن قبیلے کُوچ کر جائیں گے اور منیر کی شاعری، موسمِ بہار کے تازہ جھونکے کی طرح ہمارے درمیان موجود رہے گی۔"

☆☆☆

بچہ جگت باز: عبید اللہ علیم

ہمارا بچّہ جگت باز اب ایک ایسے پرندے کی طرح ہے جو اپنی بساط سے اونچی اڑان کے شوق میں رہی سہی قوتِ پرواز بھی کھو بیٹھا ہے اور اب کسی چھوٹی سی پہاڑی پر ڈیرہ جمائے، بلند آواز میں اپنے معصوم ہم جنسوں پر کامیاب پرواز کا رعب گانٹھ رہا ہے۔ یہ عبید اللہ علیم کی زندگی کے اس دور کا تذکرہ ہے جب اُس کی نام آوری کا سورج تقریباً ڈوب چکا تھا اور وہ "چاند چہرا ستارہ آنکھیں" کے لیے دیکھے گئے خواب فراموش کر کے "سرائے کا دیا" کی بجھتی ہوئی لَو پر نظریں جمائے، اپنے اندر کے تلاطم پر بند باندھنے کے جتن کر رہا تھا۔ اُن دنوں عبید اللہ علیم کو دیکھ کے مجھے بے طرح اُس کمہار کی یاد آتی، جس نے اپنی مہارت کے زعم میں چاک اٹھا پھینکا تھا اور پھر اپنی اس بھول کی تلافی کے لیے اُسے اپنی انگلیاں قلم کرنی پڑی تھیں۔ علیم بھی اسی سے ملتی جلتی بپتا سے دوچار ہوا اور ہم سب کو ایک بھرپور شخصیت کے بکھرنے کے المناک تجربے سے گزرنا پڑا۔

ہوا کچھ یوں کہ ابھی علیم کے کام اور نام کا پھریرا لہرایا ہی تھا کہ سلیم احمد ایک مضمون میں اِس بانکے شاعر کے امکانات پر کلام کر بیٹھے اور خوش گمانی کے آزار نے ہمارے ممدوح کو جیسے اپنی لپیٹ میں لے لیا۔ ہم نے دیکھا کہ ہمارا بچّہ جگت باز اپنے اوسان کھو بیٹھا ہے۔ ہر گزرتے لمحے کے ساتھ بگاڑ تھا کہ بڑھتا جاتا تھا، آواز تھی کہ بلند سے بلند تر ہوتی جاتی تھی، چال تھی کہ جیسے کوئی رقاصہ ابھی ابھی اپنی بے حد کامیاب پرفارمنس کے بعد اسٹیج سے اتری ہو یا جیسے کوئی اپنے ظرف سے زیادہ پی گیا ہو اور اب اُس سے اپنے قدم

سنبھالے نہ سنبھل رہے ہوں اور مسکراہٹ تھی جیسے کوئی دانا، کم فہموں میں آبیٹھا ہو اور اب اُن کی ناسمجھی سہار رہا ہو اور آنکھیں سُو اُن کا کیا کہنا... اپنے ارد گرد بکھرے ''بونوں'' کے لیے اُن میں رعونت، فخر اور غرور کے رنگ جیسے آپس میں گھلے ہوئے ہوں۔ خود پسندی آدمی کو آئینے کے سچ سے محروم کر دیتی ہے اور وہ آخری سانس تک اپنے بگڑے ہوئے خد و خال سے بھلا رہتا ہے۔ عبید اللہ علیم کے وجود سے نشر ہوتے ہوئے ناگوار سگنلز، علیم کے آس پاس کی فضا کو مسموم کر رہے تھے۔ علیم ایک عالمِ بد مستی میں اپنے ارد گرد کی ہر مدد گار اور خیر خواہ آواز کو بری طرح نظر انداز کر رہا تھا، آہستہ آہستہ ہر طرف اُس کے لیے ایک عام ناپسندیدگی جڑیں پکڑ رہی تھی۔

اُس کی شریکِ زندگی سانولی سلونی انو پا (صفیہ حیدر) جسے اُس نے بڑی چاہ سے اپنایا تھا۔ اُس کے غیر متوازن رویئے سے اوّل بد دل اور پھر متنفر ہو چکی تھی اور پھر ہم نے سنا یہ تعلق کچّا گھروندا ثابت ہوا۔ حیران کن امر یہ تھا کہ علیم کے دوست اب بھی اُس کے حوالے سے بے حد خوش امید تھے اور اُن میں وہ کسی محبوب کی طرح مقبول تھا۔ وہ سخن ساز نصیر ترابی ہوں یا شاعر دلنواز اطہر نفیس، جون ایلیا ہوں یا جمال احسانی، فراست رضوی ہوں یا شاہد حمید، شاعر زر خیز ثروت حسین ہوں یا فسانہ طراز صغیر ملال، سب ہی علیم کی جگت بازی، خوش مزاجی اور مصرعے کی کاٹ کے معترف تھے۔ اِس میں بھی کوئی شک نہیں کہ علیم دوستوں کے لیے ریشم اور دشمنوں کے لیے تیر، تلوار کی طرح تھا۔

یہ عبید اللہ علیم کی ''بلند قامتی'' کا درمیانی دور تھا۔ جب مجھے اُس سے شرف ملاقات حاصل ہوا۔ میں ایک بے روز گار، گمنام سا شاعر اور خاکہ نگار، جس کا اعتماد بوجوہ متزلزل تھا اور علیم ٹیلی وژن کا سینئر پروڈیوسر اور معروف شاعر، میں نے اُس کے مزاج کے تلون اور تیزی کے حوالے سے بھی بہت کچھ سن رکھا تھا۔ مجھے اعتراف ہے کہ اِس کے بڑے

سے کمرے میں داخل ہوتے ہوئے میرے قدم لڑکھڑا رہے تھے۔ اب مجھے یاد نہیں کہ اس ملاقات کی بنیاد کس نے ڈالی تھی اور میں کس کا دامن تھام کر اس جادو نگری تک چلا آیا تھا؟ اس کمرے میں شاید اور لوگ بھی تھے لیکن مجھے تو بس ایک شخص ہی یاد ہے، جو لگتا تھا پورے منظر پر چھایا ہوا تھا... یہ تھا عبید اللہ علیم ... لمبا چوڑا قد، زردی مائل اجلی رنگت، لانبے لانبے سیاہ بال اور چوڑا سا روشن ماتھا، جس سے اُس کی ظفر مندی عیاں تھی اور بڑی بڑی چکر مکر کرتیں الق بلق آنکھیں، جن سے ذہانت اور محبت چھلکی پڑتی تھی اور داہنے گال کی ابھری ہوئی ہڈی کے قریب ایک بڑا سا سیاہ مسّا اور بھرے بھرے ہونٹ اور دانت زردی مائل سفید، جن کی دیدہ زیبی کو کثرت سگریٹ نوشی نے گہنا دیا تھا اور مضبوط ٹھوڑی جو اُس میں ٹھاٹھے مارتے اعتماد پر دلیل تھی اور تیز تلوار سے زیادہ گہرا گھاؤ لگانے پر قادر ایک بے لگام زبان، کہ جو ایک بار اُس کی زد میں آیا تو پھر تمام عمر اپنے زخم چاٹتا پھرا اور لمبی گردن اور چوڑے کاندھے اور داڑھی اور بالوں کی طوالت کو میں نے کسی کم زور عقیدے کی طرح گھٹتا بڑھتا نظارہ کیا اور کسی گرگٹ کی طرح رنگ بدلتا مزاج، اور شاعری علیم کا عشق اور جگت بازی وجہِ افتخار ٹھہری... وہ ناپسندیدہ افراد کو جملوں کی مار، مار کے عجب طرح کا حظ اٹھایا کرتا تھا اور پھر کتنے ہی دن تک اُس کا کمرا ان جملوں کی بازگشت سے گونجتا رہتا۔

عبید اللہ علیم، جگت بازی کے بہاؤ میں بہہ کر اکثر وہاں تک جا پہنچتا جہاں لطیف اور کثیف کا فرق مٹ جایا کرتا ہے۔ میرا خیال ہے کہ بے دھڑک جملے چسپاں کرنے کے شوق نے ہمارے جگت باز کو خاصا گھاٹے میں رکھا۔ خواجہ مرحوم کے حوالے سے کہے اُس کے ایک جملے نے بہت شہرت پائی۔ مجھے تعجب ہے کہ اِس واقعے کے تین دہائیاں گزر جانے کے باوجود وہ جملہ آج تک لوگوں کے دلوں میں ترازو ہے۔ حالاں کہ اب نہ جملہ

کسنے والا رہا اور نا ہی وہ جس پر یہ جملہ کسا گیا۔ اور مجھے باور آیا کے کبھی کبھی آپ کا کہا ہوا لفظ آپ کے سائے میں گھل مل جاتا ہے، بلکہ یہاں تک کہ کبھی کبھی وہ آپ کی قبر کا کتبہ تک بن جایا کرتا ہے۔ میں سمجھتا ہوں کہ علیم کے اچانک پس منظر میں چلے جانے اور اُس کی شہرت غارت کر دینے میں اُس کے اس جملے نے ایک نہایت اہم کردار ادا کیا۔ دائرہ ادب میں شامل ہمارے وہ بزرگ جو صاحبِ حیثیت اور شہرت کے مالک ہیں، اُنھوں نے ایک مضبوط لابی تشکیل دے کر اپنی قوّت کو دوچند کر رکھا ہے اور کیوں کہ یہ لوگ ادب میں سیاہ سفید کے مالک بنے ہوئے ہیں اِس لیے مارے تنگ مزاجی کے وہ ناک پہ مکھی نہیں بیٹھنے دیتے، جب کبھی اِن میں سے کسی ایک پر حملہ کرنے کی جسارت کی جاتی ہے تو ان سبھی کو اپنا اقتدار خطرے میں پڑا محسوس ہونے لگتا ہے اور یہ سب یکجا ہو کے "باغی" کے خلاف کمر کس لیتے ہیں۔ عبید اللہ علیم جیسے لوگ حملہ کرنے میں تو شدّت دکھا سکتے ہیں مگر اپنی بے نیازی اور بے پرواہی کے سبب اپنے دفاع سے غافل ہو جاتے ہیں اور نتیجہ؟ عبید اللہ علیم کی مٹّی میں ملتی شہرت کی صورت میں ظاہر ہوتا ہے۔ یہ گروہ کس قدر کینہ پرور ہے اِس کا اندازہ مجھے اُس دن ہوا جب ایک تقریب میں اسی قبیل کے ایک بزرگ اور معروف بزرگ شاعر اور اردو کے جاں نثار اور خواجہ مرحوم کے یارِ غار نے رازداری کے انداز میں مجھ سے فرمایا کہ اگر علیم کی مخالفت میں کسی نے کچھ کہا ہے تو کیا ہوا، اُس نے کس کی پگڑی نہیں اچھالی؟ اب غالباً اس تفصیل میں جانے کی ضرورت نہیں رہی کہ علیم نے جگت بازی کے ولولے میں اپنے گرد کتنی دیواریں کھڑی کیں... جی تو تذکرہ ہو رہا تھا علیم سے میری پہلی ملاقات کا...

یہاں گمان تو یہی ہو رہا ہو گا کہ میں اپنے قصّے لیے بیٹھا ہوں لیکن یقین جانیے ایسا ہے نہیں... میں یہ بتانا چاہتا ہوں کہ وہ نادرِ روزگار شخص، غیر اہم اور گمنام دوستوں سے بھی

کس درجے فراخ دلی سے پیش آیا کرتا تھا۔ ہم کئی دوست علیم کے ساتھ کھانا کھانے نکلے تھے، اچانک میں نے سنا کہ کوئی میری تازہ غزل کا تذکرہ علیم سے کر رہا ہے، میری وہ غزل سننے کے لیے علیم کا اشتیاق اور للک حیران کن تھی، اور پھر اشعار کی سماعت کے دوران اُس کا تقریباً دیوانگی کے عالم میں اظہارِ پسندیدگی اور پھر مصرعوں کو بار بار دہرانا... یقین کیجیے وہ غزل سنا دینے کے بعد گویا مجھ میں ایک نئی زندگی دوڑ گئی۔ ہم کھانا کھا کے علیم کے کمرے میں پلٹے ہی تھے کہ میں نے دیکھا، علیم فون پر افتخار عارف سے میرا تذکرہ کچھ اس انداز میں کر رہا ہے جیسے اُس نے کوئی بڑا شاعر دریافت کر لیا ہو۔ علیم عجیب باغ و بہار شخصیت کا مالک تھا، کھانا کھانے کے لیے ہوٹل جاتے ہوئے لوگوں اور ارد گرد کی چیزوں پر اُس کے دل چسپ تبصرے اور آموں کا ایک نسوانی حصہ سے مماثلت کا حوالہ... یہ دن میری زندگی کا دل چسپ ترین دن تھا۔

مجھے یاد ہے ایک تنقیدی نشست میں جس کی صدارت علیم کر رہا تھا، جب میرے شعر پر ایک بزرگ شاعر نے نامناسب تنقید کی تو علیم اپنے منصب کو بھلا کے جیسے آپے سے باہر ہو گیا اور مار دھاڑ پر اتر آیا۔ یہ دوستوں کے تعلق سے علیم کا عمومی رویہ تھا اور یہی وہ چیز تھی جس نے اُسے دوستوں کا محبوب بنا رکھا تھا، لیکن اُس کی اسی محبت نے بہت سے دوستوں کو خراب بھی کیا، کیوں کہ جسے بہکنا ہو اُسے تو محض ایک بہانہ درکار ہوتا ہے۔ سُو علیم کے اس طرح کے والہانہ پن نے کتنے ہی ناسمجھ نوجوانوں کو برباد بھی کر دیا، محض نوجوان دوست ہی نہیں، علیم نے کئی ناسمجھ اور جذباتی لڑکیوں کی زندگیاں بھی تباہ کیں۔ علیم کی مردانہ وجاہت، شہرت اور خوش مزاجی لڑکیوں پہ جادو کا سا اثر کرتی اور ہم دیکھتے ہیں کہ علیم کے خواتین سے عشق اور ناکام شادیوں نے بڑی شہرت پائی۔

میں نے آپ سے عرض کیا تھا کہ علیم کو شاعری سے عشق تھا، لیکن اب مجھے ایسا لگتا

ہے کہ یہ پورا سچ نہیں ہے، کیوں کہ آدمی ایک وقت میں شاید کسی ایک چیز ہی سے محبت کر سکتا ہے۔ ہم کہہ سکتے ہیں کہ علیم شاعری سے گہری وابستگی رکھتا تھا لیکن عشق تو اُسے بس اپنی ذات ہی سے تھا۔ آپ کہہ سکتے ہیں کہ یہ کیسا عشق تھا کہ وہ تمام زندگی خود اپنے خلاف ہی صف آرا رہا۔ تو جناب اِس ظالم عشق کی پیچیدگیوں اور اسرار کس نے سمجھے کہ غریب علیم سمجھ سکتا۔ ہم دیکھتے ہیں کہ علیم نے تمام عمر خود کو بھلائے رکھنے کا ہر ممکن جتن کیا۔ محفل آرائیاں کیں، شہزادۂ شب کہلایا، ہر طرح کے نشے کو آزمایا، دشمن بنائے اور اُنھیں کمزور کرنے کی منصوبہ بندیاں کیں اور عشق کیے اور شادیاں کیں، لیکن اُس کی ایک نا چلی۔

اُس کے اندر کی وحشت تھی کہ بڑھتی ہی جاتی تھی۔ مجھے ایسا لگتا ہے کہ علیم کے اندر تمام زندگی ایک پیکار مچی رہی۔ ایک شور و غل ... ایک ہنگامہ ... علیم کی آواز تھی کہ بلند سے بلند تر ہوتی جاتی تھی، یہ اندر کے شور کو دبانے کی ایک غیر شعوری کوشش بھی کہی جا سکتی ہے۔ شاید اُسے اپنے آپ سے خوف آنے لگا تھا، علیم کے ساتھ رات دن گزارنے والے جانتے ہیں کہ علیم ہر دَم اپنے بلند آہنگ قہقہوں سے محفل کو گرمائے رکھتا تھا۔ یہ قہقہے محض حاضرین کی دلبستگی کا سامان ہی نہیں تھے بلکہ یہ ایک طرح کا خود علیم کا اپنا علاج بھی تھا، کیوں کہ اگر آدمی کے اندر شور برپا ہو تو اسے دبانے کا اس سے بہتر طریقہ اور کیا ہو سکتا ہے؟

عبید اللہ علیم کی زندگی اجتماع ضدّین سے عبارت کہی جا سکتی ہے۔ نہایت حلیم الطبع اور بے حد مہلک، انتہائی درجے کا محبت کرنے والا اور بے حد سفاک، دوست ایسا کہ جان سے گزر جائے اور دشمن ایسا کہ جان لینے میں دیر نہ لگائے۔ شہر میں کتنے ہی لوگ تھے جو اُس کی زبان کے گھاؤ لیے پھرتے تھے اور ایسے افراد کی بھی کوئی کمی نہیں جنھیں اُس کی

یہی زبان ہر ساعت جیسے ایک سرشاری کے عالم میں رکھا کرتی۔ میں نے اکثر دیکھا کے جب وہ اپنے بے تکلف دوستوں کے درمیان ہوتا تو غیبت و بہتان کی لونڈیوں اور لڑکیوں کی چٹخارے بھرتی لذیذ کہانیاں، اُن سب کے بیچ اٹھلاتی پھرتیں اور کبھی کبھی شاعری بھی، آخر آخر شاعری سے علیم کا سلوک عجب سوتیلے پن کا سا ہو گیا تھا۔ جیسے اُس نے جان لیا ہو کہ شاعری زیادہ دیر تک اُس کا حلیف نہیں رہ سکتی۔ اب اِن محفلوں میں علیم سے زیادہ دوسروں کے اشعار کی گونج سنائی دیا کرتی۔ میرا خیال ہے کہ یہ رویہ بھی اُس کی اپنی ذات سے بے پناہ محبت پر دلالت کرتا ہے، کیوں کہ دوسروں کی نفی دراصل اپنے اثبات کی ایک غیر صحت مندانہ اور ناتواں کوشش ہوتی ہے۔ یہی وہ زمانہ تھا جب علیم نے نوخیز اور کچّے پکّے شاعروں کے لیے ''عظیم شاعر'' کی اسناد کے اجرا کا آغاز کیا۔ ایک عجب دھما چوکڑی تھی، کہ نہ کچھ سمجھ میں آتا تھا اور نا ہی سنائی پڑتا تھا۔ کسی نے سچ کہا ہے کہ جب چراغ بجھنے کو ہو تو بہت زور سے بھڑکتا ہے۔

جن دنوں ٹیلی وژن پر عبید اللہ علیم کا طوطی بولتا تھا، اُن دنوں اُس کی شان دیکھنے سے تعلق رکھتی تھی۔ علیم کا کمرا شہر بھر کے ''بونے'' شاعروں، انا کو گرما دینے والی داد و تحسین، سگریٹ کے دھوئیں، چائے کی پیالیوں اور ہم عصر شاعروں کے خلاف جاری کیے جانے والوں فتووں سے بھرا رہتا، اور ہمارا ممدوح جو اس محفل کا دولہا ہوتا، اپنی بیمار انا کے لیے روگ اکٹھا کرتا رہتا۔ جب رات گئے یہ محفل برخاست ہوتی تو بھائی علیم کی گردن کا ایک آدھ اسپرنگ اور گم ہو چکا ہوتا۔ آہستہ آہستہ نوبت یہاں تک آپہنچی کہ علیم کے لیے گردن جھکا کے زمین دیکھنا تک محال ہو گیا، جب آدمی زمین سے رشتہ منقطع کرلے تو اُس کا توازن کسی بھی وقت بگڑ سکتا ہے، ہم نے دیکھا کے ایسا ہو کے رہا اور ہمیں اِس کہاوت کی سچائی پر ایمان لانا ہی پڑا کہ دھوبی کا کتّا نہ گھر کا نہ گھاٹ کا۔

مجھے یاد ہے کہ جس دن حکومت نے قادیانیوں کو مرتد قرار دیتے ہوئے غیر مسلم قرار دیا تو اُس کے دوسرے ہی روز جب علیم ٹیلی وژن آیا تو اتفاق سے میں بھی وہیں موجود تھا۔ میں نے دیکھا اُس کے ہاتھ میں بھنے ہوئے چنوں کا پُڑا تھا (السر کی وجہ سے علیم اکثر چنے کھایا کرتا تھا) اور ہونٹوں پر زہر آلود مسکراہٹ، دروازے میں داخل ہوتے ہوئے اُس نے بے حد طنزیہ آواز میں کہا... بھائی مسلمانو! السلام و علیکم۔ وہاں سب علیم کے دوست کھڑے تھے، میں اُس کے رویے پر چکرا سا گیا، لیکن جلد ہی جب اس کی وجہ میری سمجھ میں آئی تو میں اپنی بے خبری پر حیران بھی ہوا... اچھا تو علیم قادیانی ہے؟ لیکن یہ ایک لمحاتی تاثّر تھا۔ ہم سب نے نا پہلے اِس بات کو کوئی اہمیت دی تھی نا بعد میں اِس سے ہمارے تعلق پر کوئی فرق پڑا، جلد ہی ہم سب کچھ بھول کر باہم شیر و شکر ہو گئے۔

علیم کی ناکامی کے حوالے سے یہ قیاس غلط ہو گا کہ وہ ایک سادہ سپاٹ آدمی تھا جناب! ہمارا بچّہ جگت باز چار کھونٹ چالاک واقع ہوا تھا، لیکن اگر آدمی گرفتارِ انا ہو تو اپنی ذات کے حوالے سے وہ کسی بھی وقت اندازے کی غلطی کا مرتکب ہو سکتا ہے، اور علیم سے بھی ایسی ہی سنگین غلطیاں سرزد ہوئیں۔ اُس نے اپنی شاعرانہ حیثیت اور شہرت کے بارے میں بے حد غلط اندازے قائم کیے اور اِس وسواس میں مبتلا ہو گیا کہ وہ بے مثال تخلیقی صلاحیت کا مالک ہے اور جب، سلیم احمد صاحب نے اپنے مضمون میں اُس کی شاعری کے امکانات پر بات کی تو جانیے کہ وہ اپنے اوسان سے ہی جاتا رہا اور ہمیں اپنے چاروں طرف بکرے منمناتے سنائی دینے لگے۔ بلا شبہ وہ اوسط سے بہتر درجے کا شاعر تھا، لیکن شہرت آدمی کو ہلاک بھی تو کر سکتی ہے۔

پہلا شاعر میرؔ ہوا اور اس کے بعد ہوں میں

یہ ایک مصرعہ ہی علیم کی سائیکی کو سمجھنے کے لیے بہت کافی ہے۔ مجھے تو حیرت اِس

بات پر ہے کہ علیم نے کس دل سے میر صاحب کو اپنے سے اوّل گردانا؟ شاید یہ کسر نفسی کا کوئی لمحہ تھا یا پھر کوئی ایسا بھید جو علیم جیسے ''پہنچے'' ہوئے لوگوں پر ہی کھلتا ہے۔ علیم کے اس مصرعے سے زیادہ مجھے اُن لوگوں کے ردِّ عمل پر تعجب ہے جنھوں نے دیوانے کی اِس بڑ پر اِس قدر واویلا مچایا... کون نہیں جانتا کہ چھوٹے منہ سے اتنی بڑی بات کوئی غیر متوازن شخص ہی کہہ سکتا ہے۔ کبھی کبھی مجھے گمان گزرتا ہے کہ شاید یہ مصرع کہا ہی اس لیے گیا تھا کہ ایک ہنگامہ کھڑا ہو اور اس بہانے ہمارے ممدوح کی ذاتِ گرامی موضوعِ بحث ٹھہرے۔ بہر حال مجھے علیم کی ذہانت پر کبھی بھی شک نہیں رہا۔ ظاہر ہے ایسا آدمی اپنے آپ کو گفتگو میں رکھنے کے سو ہنر جانتا ہے یعنی

تدبیر کچھ تو بہر خرابات چاہیے

علیم اُن لوگوں میں سے ہے جو شاعری، عشق اور صحرا کو پوری دیانت داری سے اختیار کر ہی نہیں سکتے۔ یہ تینوں چیزیں ایک مخصوص دیوانگی کی متقاضی ہوتی ہیں اور علیم ٹھہرا ایک ہوش مند و ہوشیار... اب ظاہر ہے اگر شاعری میں محض شہرت ہاتھ آئے، عشق میں ڈھ جانے کا خدشہ ہو اور صحرا میں محض پیاس اور آبلہ پائی، تو یہ سب اختیار کرنے کا فائدہ؟ اور جس کام میں ''فائدے'' کی امید نہ ہو اُس سے علیم کا کیا لینا دینا۔ وہ ایک کھرا آدمی ہے، شعر لکھے تو شہرت اور منفعت کے لیے، عشق کیا تو اس التزام کے ساتھ کہ ہوش ٹھکانے پہ رہے اور صحرا... تو اُس غریب میں اتنی وسعت کہاں کہ اِن جیسوں کی وحشت سہار سکے۔

ابتدا میں کہ جب اُس میں سچ قبول کرنے کا حوصلہ تھا اور وہ اپنی یکتائی پر ایسا اٹل ایمان نہیں لایا تھا تو اُس نے بہت سے یادگار اشعار لکھے اور اپنی غزلیں خوش گلو اور خوش شکل خواتین کی آواز میں ریکارڈ کروا کے خوب داد سمیٹی اور مشاعروں میں بھی خوب

خوب رنگ جمائے اور اس میں بھی کوئی شک نہیں کہ شہرت کی دیوی بھی اُس پر مدّت تک مہربان رہی۔ مجھے علیم کے مخالفین کی اس بات میں زیادہ صداقت نظر نہیں آتی کہ علیم کی شہرت میں اُس کی اپنی ہنر مندی کم اور ساز و آواز کی جادوگری کا زیادہ دخل تھا۔ لیکن یہ تو میں بھی تسلیم کرتا ہوں کے جیسے ہی علیم اور اُس کے ہم نواؤں نے میدانِ شعر وادب میں نئی کامیابیوں کے لیے منصوبہ بندی کا آغاز کیا۔ بھائی علیم کے ننھے منے چراغ کی لَو تھر تھرانے لگی اور وہی راستا جو ابھی کل تک خاصا گل و گلزار نظر آتا تھا، یکایک تیور بدلنے لگا۔ یہ اِس مزاج کے لوگوں کا خاصا ہوتا ہے کہ اُن میں ناکامی سہارنے کا حوصلہ ذرا کم ہوتا ہے۔ اپنی ناکامیوں کے ردِ عمل میں علیم نے اپنے ہراول دستے کے ہمراہ دنیا بھر سے مخالفت کے لیے کمر کس لی۔ لیکن یہ بھی بس چند روز کا تماشا تھا۔ جوں ہی علیم نے ٹیلی وژن کی سینئر پروڈیوسری کو الوداع کہا، اُس کے ہمراہیوں کی بھیڑ چھٹنے لگی۔ اب بچّہ جگت باز تھا اور اُس کے تنہا معرکے، آدمی خواہ کتنا ہی مشّاق کیوں نہ ہو، چو مکھی لڑتے ہوئے زخم تو آتے ہی ہیں۔ شہر بھر کی چھوٹی بڑی ادبی محافل اچانک اکھاڑوں میں بدلنے لگیں اور ظاہر ہے علیم، جس کمال کا جملہ لگایا کرتا تھا اُس کے لیے یہ کوئی بڑی بات نہیں تھی، لیکن اُس نے جس ہنر مندی سے یہ کھیل رچایا اِس کے لیے بڑی فنکاری درکار تھی اور ہمارے ممدوح کے کمالِ فن کا تمام دارومدار اُسی پینترے بازی پر تھا جسے اُس نے چالاکی، مکّاری اور اداکاری کے آمیزے سے کشید کیا تھا۔

علیم کی زندگی کے آخری چند سال نسبتاً گمنامی میں گزرے، مجھے اِس بارے میں سوچ کر دکھ ہوتا ہے۔ ظاہر ہے کسی ذہین آدمی کو ٹوٹتے بکھرتے دیکھنا اچھا خاصا اذیت انگیز تجربہ ہے۔ میں نے سنا، اُس نے ایک اور شادی کر لی ہے اور نوجوان بیوی نے اُسے زنجیر کر رکھا ہے۔ پھر اطلاع ملی علیم نثر لکھ رہا ہے اور اپنے آئندہ سے خاصا پُر امید ہے

(شاید اسی توقع پر علیم کے انتقال کے بعد اُس کی بیوی نے وہ کتابیں شائع بھی کرائیں لیکن ....)لفظ ساتھ چھوڑ دے تو آپ اُسے چاہے جس تیور سے لکھیں وہ خوشبو نہیں دیتا۔ اپنے گرد نہایت محنت اور ذہانت سے لگائی گئی آگ نے جلد ہی میرے دوست علیم کو جھلسا کر رکھ دیا اور اُسے سماعتوں اور یادداشتوں سے معدوم ہوتے دیر نہ لگی۔ کون جانے کل کلاں یہ وقت بھی آ جائے کہ اسے کھوجنے کے لیے ہمیں ردّی کتابوں کے ڈھیر میں غوطے لگانے پڑیں کہ اب جو کچھ تھوڑا بہت وہ موجود ہے تو اپنی اُن کتابوں کی بدولت، جنھیں فروخت کرنے میں بے درد ردّی فروش بھی زیادہ سرگرم نظر نہیں آتا۔ کسی نے سچ کہا تھا کہ انسان اپنی زبان کے نیچے پوشیدہ ہوتا ہے۔ عبید اللہ علیم اُن لوگوں میں سے تھا جو زبان کے نیچے دفن کر دیئے گئے۔ حق مغفرت کرے عجب آزاد مرد تھا۔

☆☆☆

حکیم جی: راغب مراد آبادی

ہم حضرت حکیم راغب مراد آبادی کے درِ دولت پر کھڑے ہیں۔ سفید آہنی دروازے کے اُس پار اس نامانوس دستک سے ایک خاموش ہلچل مچی ہوئی ہے۔ میرے ہمراہ ڈاکٹر شاداب احسانی اور جناب رفیع الدین راز پروانۂ راہ داری کے منتظر ہیں۔ راغب صاحب سے ملاقات کے اشتیاق میں اس چوکھٹ کا یہ ہمارا دوسرا پھیرا ہے۔ ہماری پشت پر موجود اجاڑ پارک میں رات اپنا ڈیرہ جما چکی ہے اور یہاں ٹہلنے والے مرد و خواتین کے ہیولے عجب پُر اسرار سے امیج تخلیق کر رہے ہیں۔ میرے ہمراہیوں کا قیاس ہے کہ راغب صاحب تشریف نہیں رکھتے۔ ابھی ہم کسی نتیجے پر نہیں پہنچ پاتے کہ ایک دبلا پتلا سا چہرا دروازے کے موکھلے میں سے گردن اچکاتا ہے اور خالی خالی آنکھوں سے ہمارا جائزہ لے کر بغیر کوئی لفظ کہے اندر لوٹ جاتا ہے۔ ہم اِس شخص کے پُر اسرار رویے سے ابھی پوری طرح لطف اندوز بھی نہیں ہو پاتے کہ وہی سانولا نوجوان واپس آتا ہے اور دروازہ کھول دیتا ہے۔ اب ہم اس کی قیادت میں رومال جتنا صحن عبور کر کے ایک تنگ چوکور کمرے کے سامنے کھڑے ہیں۔ اندر سے حضرت حکیم راغب مراد آبادی کی بلغمی کھنکار صاف سنائی دے رہی ہے۔

ہم ایک قطار سی بنا کر کمرے میں داخل ہوتے ہیں کہ کمرے کی پست قامتی اور تنگ دامنی اسی نظم کی متقاضی تھی۔ مجھے عہدِ پارینہ کا ایک ایسا ہی دروازہ یاد آ رہا ہے جسے تنگ

اور کوتاہ قامت بنایا ہی اس غرض سے گیا تھا تاکہ اُس عہد کا سب سے بڑا آدمی، جب بادشاہ کے حضور پہنچنے کے لیے وہاں سے گذرے تو اُسے اپنا سر جھکا دینا پڑے، لیکن ظاہر ہے کے اس گھر میں دروازے کی تنگ دامنی کے اسباب کچھ اور رہے ہوں گے۔ راغب صاحب خیر مقدمی مسکراہٹ کے ساتھ اپنا نحیف سا ہاتھ ہماری طرف بڑھاتے ہیں۔ میں اُن چار کرسیوں میں سے ایک پر جا بیٹھتا ہوں جو اُس بیڈ کے ساتھ دھری ہیں جس پر حکیم صاحب فروکش ہیں۔ راغب صاحب مجھے نظر انداز کر کے ڈاکٹر شاداب احسانی اور رفیع الدین راز سے باتوں میں جٹے ہوئے ہیں اور میں پان چباتے ہوئے اپنے ممدوح اور اُن کے کمرے کا جائزہ لے رہا ہوں۔ کسی خوش خوراک زردار کے پیٹ کی طرح اس مختصر کمرے میں چیزیں جیسے ٹھنسی ہوئی ہیں اور ہر طرف کسی شاعر کے مزاج کی سی بے ترتیبی بکھری ہوئی ہے۔ ہمارے دائیں جانب ایک ریک پر گنجائش سے زیادہ کتابیں گویا ایک دوسرے سے دست و گریباں ہیں۔ کتابوں، فائلوں اور کاغذوں کے وہ ڈھیر اس کے علاوہ ہیں جو چاروں طرف بکھرے پڑے ہیں۔ ایک کھونٹی پر گرد آلود چیک کا کوٹ ٹنگا ہے، جیسے جب سے سلا ہو کسی جسم کا ملبوس ہونے کا تمنائی ہو۔ جس بیڈ پر حکیم جی موجود ہیں اُس پر کڑھے ہوئے پھولوں کی ایک داغ دار چادر بچھی ہے۔ ایک طرف ناقابلِ استعمال دوائیوں کا ڈھیر سا لگا ہے، بیڈ کے سرہانے ذرا اوپر ایک لیمپ روشن ہے۔ الماری کے ادھ کھلے پٹ پر ناٹ بندھی ہوئی ایک نک ٹائی لٹکی ہوئی ہے، جس پر ٹائی پن تک لگا ہوا ہے تاکہ جب ضرورت پڑے اتار کر گلے کی زینت بنا لی جائے۔ بیڈ سے کاندھا جوڑے ایک میز پڑی ہے جس پر ایک جدید سفید ٹیلی فون سیٹ رکھا ہے جو ہر تھوڑے وقفے کے بعد اپنی مکروہ آواز سے سماعتوں کو مکدّر کر رہا ہے۔ میں دیکھتا ہوں کہ فون کی ہر نئی پکار پر حکیم جی کے مدقوق چہرے پر گویا زندگی سی لوٹ آتی ہے اور دور دراز ممالک کے باسیوں سے

سلام و کلام کرتے ہوئے حکیم جی جیسے اپنے اطراف ہی نہیں اوسان بھی کھو دیتے ہیں۔ مکالمے کا ایک نا ختم ہونے والا سلسلہ اور اس کے درمیان میرے ساتھیوں سے ایک آدھا ادھورا رسمی سا مکالمہ، جس سے دور پار کے بڑے لوگوں کے احوال پر ہونے والی گفتگو کا تار بار بار ٹوٹ جاتا ہے، کمرے کے ایک کونے میں دیواروں سے ادھڑی ہوئی سفید پپڑی کا ڈھیر اور چھت کا رنگ سفید اور دیواروں کا رنگ ہلکا آسمانی اور گہرا کریم کلر کا ہے۔ ایک طرف کو سفید موزوں کی تہہ کی ہوئی جوڑی رکھی ہے اور اُس کے ساتھ ایک بند ڈبا، جس میں جانے کیا بند ہے؟ اور حکیم جی کے سرہانے ایک بند کھڑکی اور اس کی کگر پر پلاسٹک کی چار ننھی منی گڑیائیں، ایک قطار میں کھڑی ہیں۔ یہ اس کمرے میں موجود واحد چیز ہے جس میں ترتیب پائی جاتی ہے، لیکن میں حیرت سے سوچ رہا ہوں کہ زندگی کی آٹھویں دہائی گذارنے والے ایک بوڑھے کے سرہانے ان گڑیوں کا کیا کام؟ کیا یہ سچ ہے کہ ایک خاص عمر کے بعد آدمی کا بچپن لوٹ آتا ہے؟ (خیر اس بحث کو ہم نفسیات کے پنڈتوں کے لیے موقوف کرتے ہیں۔) کمرے کے باہر بچکانہ اور زنانہ آوازوں کا غل گویا اندر در آنے کو مچلا پڑتا ہے۔

میری نظر راغب صاحب پر پڑتی ہے اور مجھے کوئٹہ عنابی ہوٹل کی وہ شام یاد آتی ہے جب فراست رضوی، راغب مراد آبادی صاحب کو لیے وہاں چلے آئے تھے اور میں بہت دیر تک بکروں کی ”میں، میں“ سے دوچار رہا تھا۔ یہی وہ دن تھا جب میں نے سنجیدگی سے حکیم جی کی خاکہ کشی کا خیال باندھا تھا اور اپنے ممدوح پر ایک گہری نظر نچھاور کی تھی۔

آیئے دیکھتے ہیں اُس دن میں نے راغب صاحب کو کیسا پایا؟

جھلسے ہوئے گیہوں کی سی رنگت کا ایک آدمی، جس کی آنکھوں کے گرد سیاہ دائرے پڑے ہوئے ہیں اور ان دائروں کے بیچ دو کٹورے جن میں گدلی مٹی تیر رہی ہے اور جسے

آڑ دینے کے لیے نازک سے فریم کے چشمے کو زینت بنانے کا فضول جتن کیا گیا ہے اور آنکھوں کے اوپر چوڑا ماتھا جس پر کسی زخمِ کہنہ کا نشان دمکتا ہے جو آدھے سر کو چھوتا محسوس ہوتا ہے۔ اُس پر رنگے ہوئے لمبے بالوں کی فصل، جن کی جڑوں سے چاندنی جھانکتی نظر آتی ہے اور ناک، چہرے کی مناسبت سے قدرے نمایاں اور اُس کے تلے پتلے پتلے ہونٹ، جن کے کناروں پر سفیدی سی پھری دکھائی دیتی ہے اور ہونٹوں کی اوٹ میں سالم بتّیسی، جس کے مصنوعی ہونے میں کوئی کلام نہیں اور گالوں کی ہڈیاں نسبتاً ابھری ہوئیں، جس کے سبب گالوں میں گڑھے سے پڑے معلوم ہوتے ہیں اور کان کی لوئیں ذرا زیادہ چوڑی اور ہونٹوں کی حرکت پر گویا تھراتی ہوئیں لیکن جب سے حکیم جی گراں گوشی کا شکار ہوئے ہیں انھیں ایک عجب قسم کا اطمینان اور شادمانی سی حاصل ہو گئی ہے۔ اب ہر ہلتے ہوئے ہونٹ پر انھیں ''واہ'' کا گمان گذرتا ہے اور وہ محض وہی سنتے ہیں جو وہ سننا پسند کرتے ہیں۔ ویسے سچّی بات تو یہ ہے کہ چہرے کا یہ حصہ اب محض مروڑنے کے کام کا رہ گیا ہے، اور ٹھوڑی میں ایک عجیب سی نوک نکلی ہوئی اور اُس کے عقب میں گوشت کی جھلی جیسا ایک لوتھڑا، جس پر دورانِ کلام ایک عجیب سی کپکپی طاری رہتی ہے اور زبان جو کلامِ مسلسل کی صلاحیت سے محروم ہوتی جا رہی ہے، لیکن جب میرے ممدوح مائک کے روبرو ہوں تو آواز اور لہجے کا پرانا طنطنہ لوٹ آتا ہے، سر گویا کاندھوں پر ٹکا ہوا اور چہرے کا مجموعی تاثّر جیسے میلے لٹّھے کو پانی دکھا کر کئی بار نچوڑا گیا ہو اور کاندھے گرے ہوئے اور پتلے پتلے ہاتھوں کی ہتھیلیوں کے سروں پر آپس میں جڑی ہوئی انگلیاں، قیافہ بتاتا ہے کہ ایسی انگلیاں اکثر حد سے بڑھے ہوئے کفایت شعار شخص کی ہوا کرتی ہیں اور توند گویا باہر کو بکھری ہوئی اور ٹانگوں کی کم طاقتی، جن سے راغب صاحب اُن کی بساط سے بڑھ کر پھرتی کے طلبگار رہتے ہیں اور لباس، سو اُس سے ہمارے ممدوح کی بے پرواہی عیاں ہے لیکن

اگر محفل میں کسی اہم آدمی کی آمد متوقع ہو تو اُن کی سج دھج کا کیا کہنا۔ راغب صاحب اپنے عمومی رویئے میں ایک فقیر منش آدمی نظر آتے ہیں جو اپنے آپ میں ڈوبا رہنا چاہتا ہے۔ عام لوگوں کے ساتھ راغب صاحب یہ ہی رویہ روا رکھتے ہیں، لیکن جب کسی بااختیار آدمی سے ملاقات کی توقع ہو تو اُن کی نظریں دروازے پر گویا ٹنگی رہتی ہیں، جیسے ہی مردِ مطلوب قدم رنجہ فرماتا ہے، راغب صاحب کی تمام بے نیازی کافور ہو جاتی ہے اور وہ شعلے کی سی تڑپ سے اُس کے استقبال کے لیے لپکتے ہیں۔ اس طرح کہ چہرا مارے تپاک کے دمک رہا ہوتا ہے اور بتیسی گری پڑتی ہے اور آنکھیں جگنوؤں سے بھر جاتی ہیں، مہمان خاص سے وہ گرم جوشی سے معانقہ کر کے گویا ہٹو بچو کے نعرے لگاتے ہوئے اسے اسٹیج پر لا کر نمایاں ترین مقام پر بٹھاتے ہیں اور پھر خود بھی اُس کے کاندھے سے کاندھا جوڑ کر بیٹھ جاتے ہیں اور پھر مسکراہٹوں اور باتوں کا ایک نا ختم ہونے والا سلسلہ ... بہت سے لوگ راغب صاحب کی اس "خوش اخلاقی" پر ناک بھوں چڑھاتے ہیں، مگر وہ بھول جاتے ہیں کہ حکیم جی ایک طویل مدّت تک حکومت میں افسرِ تعلقات عامہ کے فرائض ادا کرتے رہے ہیں اور یہ رویہ اُن کی تربیت کا حصہ ہے۔

یادش بخیر وہ زمانہ جب ہم بغل میں فائل دبائے دفترِ روز گار پہنچنے کے لیے گرومندر چورنگی سے دائیں جانب مڑ کر تین ہٹی کو جاتے راستے پر سو دو سو قدم کی مسافت کے بعد سڑک کے بائیں جانب واقع ملیامیٹ ہوتی ہوئی یاسیت زدہ زرد عمارت کو جایا کرتے تھے۔ یہ تالپور ہاؤس تھا۔ جس کے زنگ خوردہ آہنی دروازے پر پریشان حال، مجبور اور بے بس بے روز گاروں کا انبوہِ کثیر اپنے ہاتھوں، تھیلوں اور فائلوں میں سوکھے سڑے کاغذوں کا پلندہ سنبھالے اُس چھوٹی سی کھڑکی تک پہنچنے کی تاک میں رہتا، جس کے عقب میں ان جیسا ہی ایک مفلوک الحال فرد اپنے اردگرد سے بے نیاز گھٹیا سی بدبودار سگریٹ کے سٹّے

کھینچتے ہوئے خود کو کسی فضول سے کام میں مصروف ہونے کا تاثّر دیا کرتا اور اُس کے پس منظر میں تیز قدموں سے آتے جاتے لوگ گویا پورے شہر کے بے روزگاروں کا بوجھ اپنے کاندھوں پر لیے پھرتے تھے۔ دفترِ روزگار میں شاذ ہی کسی کا مقدّر چمکتا۔ اس دفتر میں اکثر مجھے اپنے شناسا فراست رضوی بھی نظر آیا کرتے جو میرے اکثر دوستوں سے گہرے مراسم رکھتے تھے، مگر میری اُن سے شناسائی ابھی دوستی کے دوار تک نہیں پہنچی تھی۔ میں جانتا تھا کہ فراست رضوی کو بھی ادب کا چسکا ہے اور شاید اسی ناتے سے وہ راغب صاحب سے ملنے اس دفتر میں آیا کرتے تھے۔ یہ فراست کی نوخیزی کا زمانہ تھا، لیکن مجھے خوب یاد ہے کہ اُس زمانے میں بھی فراست کی زبان فراٹے بھرا کرتی تھی۔ میں نے فراست رضوی کا تذکرہ اس لیے ضروری سمجھا کیوں کہ اُس زمانے میں بھی راغب مراد آبادی اور فراست رضوی میں گاڑھی چھنا کرتی تھی۔ فراست مجھ پر واجبی سی توجہ روا رکھتے، ہمارے بہت سے دوستوں کی طرح ابھی انھیں بھی یہ اندازہ نہیں تھا کے ملازمت خود کو معتبر اور مضبوط بنانے کا بہترین ذریعہ بن سکتی ہے۔ مجھے لگتا تھا جیسے فراست اپنے زورِ کلام سے دنیا کو فتح کرنے کا ارادہ باندھے ہوئے ہیں، لیکن آگے چل کر میرا یہ قیاس غلط ثابت ہوا، آج وہ سرکاری افسر کی حیثیت سے ایک آسودہ حال زندگی بسر کر رہے ہیں۔ رہے حکیم جی تو یہ اُن کی ادھیڑ عمری کا ابتدائی دور تھا اور مصرع لکھنے کی وہ مشّاقی جسے حاصل کرنے میں انھوں نے پوری جوانی لگادی تھی، اب وہ اسی محنت کی فصل کاٹ رہے تھے اور گلی گلی میں اُن کے نام کی نوبت بج رہی تھی۔ اردو دنیا میں لفظ سے جڑا شاید ہی کوئی فرد ہوگا جسے حکیم راغب مراد آبادی کی صفات گوناگوں سے واقفیت نہ ہو۔

حکیم جی کے اس عمر تک پہنچتے پہنچتے ٹوہ میں رہنے والے بہت سے لوگ راغب صاحب کے حوالے سے کئی غیر ضروری تفصیلات تک جا پہنچے تھے... وہ تفصیلات کیا تھیں

؟... شاید یہاں اُن کا مذکور کرنا مہلک ثابت ہو گا... لیکن میں جانتا ہوں کہ آپ کا ذوق تجسس بیدار ہو چکا ہے اور اب آپ کچھ نہ کچھ جانے بغیر باز نہیں آئیں گے۔ اچھا تو بس اتنا جان لیجیے کہ شوق دا کوئی مول نیں، ہمارے حکیم جی رخصت ہوتی ہوئی جوانی کے اس دور پراگندہ میں بھی کہ جب آدمی کو تسبیح اور جاء نماز کی فکر ستانے لگتی ہے اور قبرستان کے سامنے سے گذرتے ہوئے منکر نکیر کا خیالِ وحشت انگیز دل کی دھڑکنوں کو درہم برہم کرنے لگتا ہے، ایسے دور میں بھی راغب صاحب سب کچھ فراموش کیے نہایت سرگرمی اور ثابت قدمی سے ''مفعولن، فاعلن'' کی گردان میں گردن دھنسے ہوئے تھے۔ اُس زمانے میں بھی اُن کا کل وقتی مشغلہ نثر کی نظم کاری ہوا کرتا تھا۔ دفتر میں جب مصرع سازی سے فرصت پاتے تو ایک آدھ کاغذ بھی دیکھ لیا کرتے اور جب اس کارِ بے لطف سے جی اوبھنے لگتا تو اپنے سامعین کو جن میں شاید فراست رضوی بھی شامل ہوا کرتے تھے، اپنی طرف متوجہ کر کے اپنی ٹیٹری جیسی تیز آواز میں تازہ تخلیقی جواہر پاروں سے سماعتوں کو جھنجوڑنے لگتے۔ شاعر اگر اتفاق سے افسر بھی ہو تو اسے شعر مکمّل کرنے سے قبل ہی واہ واہ کی آوازِ جاں فزا سے نہال کر دیا جاتا ہے اور اگر یہ عمل تواتر سے جاری رہے تو آدمی شاعر سے گھٹ کر افسری پر ہی اکتفا کر لیا کرتا ہے، گویا تعریفِ بے جانہ ہوئی تلوار ہوئی کہ تخلیقی ڈور کو کاٹ کر رکھ دیتی ہے، لیکن ہمارے حکیم جی کی ترجیحات شاید ہمیشہ ہی ذرا مختلف رہی تھیں، اُنھوں نے تمام عمر مشّاقی کو تخلیقی تنوع پر ترجیح دی۔ اپنی شاعری سے راغب صاحب کا ہمیشہ بس یہ مطالبہ رہا کہ وہ جب چاہیں مکمّل تکنیکی التزام کے ساتھ مصرع موزوں کر لیں۔ اُنھوں نے شاید کبھی بھی ندرتِ خیال، تخلیقی شعلگی اور نکتہ آفرینی پر اصرار نہیں کیا۔ جیسے سیدھے سادھے آدمی ہیں ایسی ہی لکیر کی طرح سیدھی اُن کی شاعری ہے۔ راغب صاحب نے تمام عمر سامنے کے ہلکے پھلکے موضوعات کو نظم کیا ہے۔

ویسے بھی اگر آدمی ہلکا پھلکا ہو تو اُسے گہرائی اور گیرائی سے پرہیز کرنا چاہیے۔ دیکھیے میں بھی باتوں میں بہک کر کہاں سے کہاں نکل آیا... حالاں کہ اتنے دور دراز کے موضوعات میں تو خود حکیم جی بھی دلچسپی نہیں رکھتے۔ بات ہو رہی تھی راغب صاحب کی مہارت کے حوالے سے جس کی ایک زمانے میں دھوم ہے۔ انھیں اردو شاعری کی تاریخ کے دو تین تیز تر شعر کہنے والوں میں شمار کیا جاتا ہے۔ اس کے علاوہ اُن کی آواز ہے جو چبائے ہوئے چیونگم کی طرح گویا سماعت سے چمٹ کر رہ جاتی ہے، اس کے علاوہ اُن کے چہرے کا تاثّر ہے جو سامع کو حسنِ شعر پر توجہ دینے کا موقع کم ہی فراہم کرتا ہے اور اُسے اپنی بے ساختہ مسکراہٹ کو آہ اور واہ کے ڈونگروں میں چھپانے کا موقع مل جاتا ہے۔ راغب صاحب کے ہونٹ بدبداتے رہتے، کان کی چوڑی لوویں پھڑ پھڑاتی رہتیں اور ماتھے پر سلوٹوں کا جال سا بچھ جاتا اور منحنی سی گردن کی رگیں پھٹی پڑتیں اور گلے میں پڑا مفلر لہراتا رہتا اور آنکھیں جو مائل بہ دھندلاہٹ تھیں، مستعار روشنی سے جگمگ جگمگ، باری باری سامعین کے چہرے پر گڑی گذرتی محوِ سفر رہا کرتیں، ٹھوڑی پر کپکپی کا گمان ہوتا اور چہرے کے جمے ہوئے لہو کی سی ارغوانی رنگت ذرا دیر کے لیے نکھر آتی، ملازمتوں سے سرفراز کیے گئے نوجوانوں کا جوش و خروش قابلِ دید ہوا کرتا۔ اُن میں سے اکثر حکیم جی کے مصرعوں پر اچھل اچھل کر گویا رقصِ بسمل کی تمثیل پیش کیا کرتے اور میز پر بکھری چائے کی پیالیوں پر بھنکتی مکھیوں کا وفور اُس صوفی سے مشابہ ہوتا جسے منزل کا سراغ مل گیا ہو۔ اس احوال کو مزید تفصیل کرنے سے کیا حاصل، اب وہ تکونی کمرا رہا اور نا وہ معمولات اور نہ ہی وہ عمارت اور پی آر او کا عہدہ۔ ہمارے حکیم جی بھی سترے بہترے کی عمر کو آ لگے، لیکن آفرین ہے اُن کی ثابت قدمی پر کہ آج بھی اسی امنگ ترنگ سے مفعولن کی گردان میں دبے ہوئے ہیں، ہاں کبھی کبھار ''فاعلاتن'' کا ذائقہ چکھنے کی باری بھی آ ہی جاتی ہے۔

راغب صاحب کے حکیم ہونے کا معاملہ بھی عجب ہے کہ موصوف سند یافتہ ہونے کے باوصف نبض پر ہاتھ دھرنے سے کتراتے ہیں، ہاں اگر ''مریض'' کا تنفس تیز ہو تو ہمارے ممدوح کے اندر کا حکیم چوکنّا ہو جاتا ہے اور پھر اللہ دے اور بندہ لے۔ یہی وہ منفرد لمحہ ہوتا ہے جب حضرت راغب مراد آبادی ''حکمت'' سے کوئی کام لیتے ہیں۔ ورنہ تو وہ تمام محنت اور مدّت اکارت ہی گئی جو ہاون دستے کی دھمک سے لے کر جڑی بوٹیوں کے خواص جاننے اور معجون و مفرحات و خمیرہ جات اور طلوں کی تیاری اور اُن کے فوائد سمجھنے میں صرف کی گئی۔ حکیم راغب مراد آبادی بھی کمال کے آدمی ہیں، ارادہ باندھا تھا حکیم بننے کا اور طیبہ کالج دہلی سے سند بھی حاصل کرلی، لیکن معروف ہوئے شاعر کی حیثیت سے، پیدا ہوئے دہلی میں مگر نام کے ساتھ نتھی کیا مراد آباد کا نام اور نرا شاعر یا سرکاری افسر ہی رہنے پر اکتفا نہیں کیا بلکہ خارزارِ سیاست میں بھی کود ے اور مسلم لیگی کارکن کی حیثیت سے قائد اعظم سے بارہا شرف ہم کلامی بھی حاصل کیا۔ ہم سمجھتے ہیں کہ شاعری کی شاید ہی کوئی ایسی صنف ہو جس پر حضرت راغب مراد آبادی نے اپنا جوشِ سخن آزمایا نہ ہو، رباعی کے تو خیر وہ شہنشاہ کہلائے لیکن نظمیں، غزلیں، منظوم سفرنامے، سہرے، نعتیں، حمد، منقبت اور مرثیہ غرض کیا ہے جو اُنھوں نے نہیں لکھا۔ ہم نے عرض کیا نا کہ حکیم جی مصرع کہنے کے جنون میں مبتلا ہیں۔ جب کہنے کو کچھ نہ سوجھے تو اخبار کی خبروں ہی کو شعر گوئی کی سولی پر چڑھا دیتے ہیں اور اگر سڑک پر ہوں تو تشہیری بورڈز کی عبارت اُن کے ذہن اور زبان پر شعر بن کر بلبلانے لگتی ہے۔ اب ظاہر ہے جس شخص نے شعر کی اتنی مشق کی ہو تو اس مشق کی پھسلن میں ہی سہی اُس کے قلم سے کیا کچھ سرزد نہ ہوا ہو گا۔

حضرت حکیم راغب مراد آبادی کی شہرت اور مقبولیت مسلمہ سہی، لیکن اس میں

بھی کوئی شک نہیں کے اگر آدمی معروف ہو جائے تو بدخواہ اُس کی شخصیت کے کمزور پہلوؤں کو ایسے تلاش کرتے ہیں جیسے کوئی بندر بالوں میں جوئیں تلاش کیا کرتا ہے۔ مثلاً حکیم جی ہی کو لے لیجیے لوگوں کو اس پر بھی اعتراض ہے کہ جب وہ سالانہ بنیاد پر اسپتال میں داخل ہوتے ہیں تو اُن کے جاں نثار اُن سے دردمندی، محبت اور ایثار کا سلوک کیوں روا رکھتے ہیں اور عیادت کرنے کے ساتھ حسبِ توفیق و حیثیت ایک ''لفافہ'' اُن کے تکیے کے نیچے جمع کرنا نہیں بھولتے، ذرا سوچیے اس میں کیا مضائقہ ہے اگر راغب صاحب ''ادب کی خدمت'' کے لیے اپنے استاد زادے اسلام احمد خاں سے مالی معاونت حاصل کرتے رہے اور ایک وہی کیا، جانے اور کتنے لوگ ہوں گے جو ہمارے حکیم جی کی دامے، درمے اور سخنے مدد اور اعانت کرتے رہے۔ اگر ایسی مدد اور تعاون انھیں حاصل نہ ہوتی تو وہ کون سے ایسے پوتڑوں کے رئیس ہیں کہ انھوں نے راغب مرادآبادی اکیڈمی قائم کی اور شاعروں اور ادیبوں کے لیے سالانہ انعامی رقم کا اجرا کیا اور اب تک جناب حمایت علی شاعر، پروفیسر سحر انصاری اور ڈاکٹر محمد علی صدیقی کو اُن کی ادبی خدمات کے اعتراف میں پچاس ہزار روپے فی کس رقم دے چکے ہیں۔ اس کے علاوہ نوجوانوں کو پانچ ہزار روپے فی کس کے حساب سے 13 سے زیادہ افراد کو رقم دی گئی ہے، کیا یہ رقم یوں ہی اکٹھی ہو گئی ہو گی۔ صاحب! تعلقات سے فیض یاب ہونے کا فن ہر ایک کے حصے میں نہیں آتا۔

لوگ تو راغب صاحب کی وقت کی پابندی پر اصرار کو بھی ناپسندیدہ نظروں سے دیکھتے ہیں، اب آپ خود انصاف کیجیے کہ اگر آپ راغب صاحب کو آٹھ بجے کا وقت دیتے ہیں لیکن پہنچتے ہیں آٹھ پندرہ پر اور وہ کہلوا بھیجتے ہیں کہ میں گھر پر نہیں ہوں تو اس میں اعتراض کی کیا گنجائش ہے؟ بدخواہ تو راغب صاحب پر یہ الزام تک عائد کرتے ہیں کہ وہ ملاقاتیوں کی گفتگو خفیہ طور پر ریکارڈ کرتے رہے ہیں اور اگر کوئی انھیں اپنا شعر سنائے اور

وہ ایک آدھ لفظ اِدھر اُدھر کر دیں تو اُس آدمی کا نام اپنے شاگردوں کی فہرست میں درج کر لیا کرتے ہیں۔ خیر جانے دیجیے... لوگوں کو تو باتیں بنانے کی عادت ہے۔ ورنہ کون نہیں جانتا کہ حکیم جی شاگردوں کی کھیپ کی کھیپ رکھتے ہیں، حبیب جالب سے لے کر شہزاد تک انھوں نے ایک خلقت اکٹھی کر رکھی ہے۔

میں ان ہی سوچوں میں کھویا ہوا تھا کہ حضرت حکیم راغب مراد آبادی نے مجھ پر توجہ فرمائی۔ "کیوں صاحب! آپ کچھ نہیں بولتے کن سوچوں میں گم ہیں؟... میں چونک کر اُن کی طرف دیکھتا ہوں اور اُس کتاب کا تذکرہ کرتا ہوں، جس کی طلب مجھے یہاں کھینچ لائی ہے، وہ ازراہِ کرم کتاب مجھے عطا کرتے ہیں مگر میری خاموشی نے اب تک انھیں تردد میں ڈالا ہوا ہے اور میں سوچ رہا ہوں کہ راغب صاحب کے استاد حکیم امیر احمد خاں کی خوش سلیقگی، نفاست اور سلیقہ اُن کے شاگرد حکیم راغب مراد آبادی کی زندگی کا حصہ کیوں نہیں بن سکا؟... ہم چائے وغیرہ پی کر راغب صاحب سے اجازت طلب کرتے ہیں۔ گھر واپس جاتے ہوئے شاداب احسانی مجھے حکیم جی کے قلبِ گداز اور اُن کے ایثار کے واقعات سنا رہے ہیں۔ وہ کہہ رہے ہیں کہ راغب صاحب میں ایک عجب مافوق الفطرت صلاحیت پیدا ہو چکی ہے، اب بعض خاص لمحوں میں وہ جو کہہ دیں وہ ہو جایا کرتا ہے۔ میں سوچ رہا ہوں، جس آدمی نے جوان بیٹے کا داغ سہا ہو، اُس میں گداز اور ایثار کا پیدا ہو جانا کیا عجب ہے؟... رہا بات کا پورا ہو جانا تو ایسی کہانیاں تو ہر تخلیق کار اپنے پٹارے میں لیے پھرتا ہے۔ اب راغب صاحب کی علالت آئے دن کا قصہ ہو گئی ہے آیئے اُن کی زندگی اور بہتر صحت کی دعا کریں کہ اس قحط الرجال میں اُن کا دَم بھی غنیمت ہے، لیکن اب یہ چراغ زیادہ دن روشن رہتا نظر نہیں آتا۔ دل چاہتا ہے کہ یہ بات سچ ثابت نہ ہو۔

☆☆☆

جامنی لڑکی: فاطمہ حسن

اگر کوئی انسان قوّتِ تخلیق سے مکلف ہو تو اُس کے باطن میں یہ خواہش کہیں نہ کہیں موجود ہوتی ہے کہ اسے علیحدہ سے شناخت کیا جائے۔ کسی کسی آدمی پر یہ مطالبہ بہت بھلا بھی معلوم ہوتا ہے، لیکن جب کسی فرد میں یہ خواہش برملا اظہار پا جائے تو بات کا تمام حسن غارت ہو جاتا ہے۔ میں ایسے کتنے ہی افراد کو جانتا ہوں جنھیں اس بیراگ نے برباد کر ڈالا۔ یہ خواہش ایسی نہیں ہے جو اچانک پیدا ہو جاتی ہو دراصل جب آدمی اپنے اردگرد چھوٹے سَروں پر بڑی پگڑیاں بندھے دیکھتا ہے تو اُس میں بھی بدراہ ہو جانے کی ہمک مچلنے لگتی ہے۔ ایسے لوگوں کا حل میں نے یہ ڈھونڈا ہے کہ میں ان لوگوں کی Branding کر کے اُنھیں ایک سچّی شناخت دینے کی کوشش کرتا ہوں، اس میں ہوتا یہ ہے کہ اِس نئی شخصیت سے لپٹ کر آدمی کے وہ رنگ بھی سامنے آ جاتے ہیں جنھیں وہ بڑے جتن سے چھپائے بیٹھا تھا اور یہیں سے ساری گڑبڑ آغاز ہوتی ہے مثلاً جامنی ہی کو لیجئے۔ اب کون لڑکی ہوگی جو خود کو جامنی کہلوانا گوارا کرے گی، لیکن کیا کیجیے کہ فاطمہ حسن کے سب رنگ نہایت گہرے ہیں یعنی اس میں راسخ وجود رکھتے ہیں، وہ لاکھ کوشش کرتی رہے کہ بعض چیزیں اس طرح دکھائی نہ دیں جیسی کہ دراصل وہ ہیں لیکن ... مثلاً وہ کیل کانٹے سے پوری طرح لیس ہونے کے باوجود اب بھی اتنی ہی اجاڑ دکھائی دیتی ہے جیسی کہ اُن دنوں ہوا کرتی تھی جب وہ تازہ تازہ مشرقی پاکستان سے سمندر سے لگے اس شہر میں آئی تھی۔ میں نے پہلی بار اُسے دیکھ کر سوچا تھا کہ لڑکیوں کو کم از کم اپنا آپ سنوارنے کا سلیقہ

تو آنا ہی چاہیے۔ اُن دنوں وہ کچھ ایسی دکھائی دیتی تھی:

اُلجھے ہوئے خشک بے رونق بال اور تنگ سا ماتھا جس پر دورانِ کلام تین موٹی موٹی سلوٹیں ابھر تیں اور بھوؤں کے بال تقریباً ناپید اور اندر کو دھنسی ہوئی آنکھیں، جن کا خالی پن جیسے اچک اچک کر باہر ابلتا دکھائی دیتا اور چوڑے فریم کا بھدّا سا چشمہ اور پھسڈّی سی ناک اور پھٹے پھٹے ہونٹ اور اُن پر لتھڑی ہوئی لالی، جیسے تختۂ سیاہ پر سرخ چاک سے موٹی موٹی لکیریں کھینچ دی گئی ہوں اور دھنسے ہوئے گال جن کے باعث دانت گویا باہر گرے پڑتے تھے اور آواز میں اناڑی ہاتھ سے بجائے جانے والے چمٹے کی گونج اور ایک مبہم سی تھر تھراہٹ اور رنگت کسی کیڑا کھائے گندم کے دانے جیسی اور قد جیسے پودے کو پالا مار گیا ہو۔

میں اور وہ اور بہت سے دوسرے ناشناسا چہرے، کتابوں سے ٹھنسی تالا بند الماریوں کے نرغے میں بڑی سی میز میں انجمن جدید ترقی پسند مصنفین نے یہ تنفیدی کے گرد بیٹھے ایک افسانے کو اپنے پیچ چہل قدمی کرتا دیکھ رہے تھے۔ یہ فریئر مارکیٹ کی چھوٹی سی لائبریری تھی، جس سجا سجا رکھی تھی، اس انجمن کے نام میں ایک عجب شتر گر بگی سی تھی۔ جس پر بے محابا قہقہہ لگانے کو جی چاہتا تھا لیکن مجھے اچانک اس انجمن کے پالن ہاروں کی صعوبتیں یاد آجاتیں اور میں دل مسوس کر رہ جاتا کرتا تھا۔ یہ وہ لوگ تھے جنھیں پانی کی سرزمین سے جبراً بے دخل کر کے اس صحرا صفت اجنبی سرزمین کی طرف ہانک دیا گیا تھا اور اب یہ سب اپنی ذات کے ساتھ بہاری کا لاحقہ پیوست کیے، اپنی نئی شناخت قائم کرنے اور اُسے مستحکم رکھنے کی تگ و دو میں لگے ہوئے تھے۔ اس کم نصیب گروہ کے ساتھ ستم ظریفی یہ تھی کہ اُس کے حوالے سے کئی کہانیاں اس گروہ کی آمد سے قبل ہی یہاں آپہنچی تھیں، کہا جارہا تھا کہ آپس میں جڑ کے سفر کرنے والا یہ گروہ دوستی اور

دشمنی کو بڑی ہوش مندی سے استعمال کرنے کا عادی ہے اور کہ یہ لوگ اُس وقت تک کسی کی طرف آنکھ اٹھا کر نہیں دیکھتے جب تک اپنی کسی ضرورت کو اپنے مخاطب کی جیب میں کھنکتا ہوا نہ سن لیں، ان کے ہونٹوں کی مسکراہٹ سانپ کی پھنکار سے مشابہ ہے، ان کے رویوں نے مشرق کو مغرب سے اس درجے برگشتہ کیا کہ وہ برہنہ تلواریں لیے باہر نکل آئے اور اس گروہ کو اپنے جوتوں میں لہو کی سڑاند بھرے، مغرب کی طرف کوچ کر جانا پڑا۔

میں سمجھتا ہوں کہ یہ پوری سچائی نہیں ہے، کیوں کہ اُن میں سے جتنے لوگ میرے تجربے کا حصہ بنے وہ نہایت شائستہ، نرم گرفتار، میٹھے اور حلیم الطبع تھے، میں نے انھیں کسی کیچوے کی طرح بے ضرر پایا، ہاں میں نے یہ تاثّر ضرور قائم کیا تھا کہ یہ خطرناک حد تک ذہین، معاملہ فہم، چالاک اور چوکنّے لوگ ہیں۔ مشرق کی بیٹی فاطمہ حسن اس گروہ کی پہلی لڑکی تھی جو میرے رابطے میں آئی۔ میں نے دیکھا اپنے ہم رنگ و ہم مزاج لوگوں کے درمیان جامنی کی وحشت اُس کی آنکھوں سے ہوتی ہوئی زبان پر آکر جیسے ٹک سی گئی ہو۔ کٹ حجّتی کرتی اس لڑکی میں ذہانت بلا شبہ موجود تھی، لیکن جس موضوع پر خم ٹھونک کر وہ میدان میں اتری ہوئی تھی اُس کی ابجد کا بھی اُسے کوئی شعور نہیں تھا۔ اس لڑکی کے لیے میں ایک ناکام شخصیت کا تاثّر لیے لائبریری کے دروازے سے باہر آیا۔ اس پہلی ملاقات میں ہم بے مکالمہ رہے تھے اور یوں بھی ایسے بے رس لوگوں سے مکالمہ میرے لیے کچھ زیادہ مرغوب عمل نا تھا لیکن میں نے دیکھا کہ قمر جمیل صاحب اور اُن کے حواریوں کی آنکھوں میں اس سرکش لڑکی کے لیے بڑا تجسس پایا جاتا ہے۔

یہ جس زمانے کا احوال ہے، اُن دنوں میں ایک مضطرب زندگی کا عادی تھا اور کل وقتی آوارہ گردی اور بے فکری اور بے پرواہی کو میں نے اپنی ناکامیوں اور محرومیوں کی آڑ

بنا رکھا تھا اور لوگوں سے لاتعلقی برت کر دراصل میں اپنی کم مائیگی کا پردہ رکھا کرتا تھا اور میری چپ کے عقب میں میری بے علمی محوِ سفر رہا کرتی تھی، ادب میں ملوّث ان لوگوں سے میری ناتے داری کا سبب بھی یہی تھا کہ خلقتِ عام میں میرا معتبر ہونا باور آئے کہ ابھی لکھنے پڑھنے والوں کی بے توقیری نے وبائے عام کا چلن اختیار نہیں کیا تھا۔

جامنی لڑکی سے بہت دنوں تک بے خبر رہنے کے بعد ایک دن اچانک اُس سے میری دوسری ملاقات مزارِ قائد کی پشت سے ذرا ہٹ کر تعمیر کیے گئے ایک دو منزلہ مکان کے مختصر سے کمرے میں ہوئی۔ وہ بڑی شدّ و مد اور سرشاری سے گفتگو میں ڈوبی ہوئی تھی اور ایک نیا ادبی پرچہ "شب خون" زبان کی زد پر تھا۔ لگ رہا تھا کہ یہ لوگ اس پرچے کی اشاعت کو اپنی زندگی اور موت کا مسئلہ بنائے بیٹھے ہیں۔ اس پرچے کے لیے لکھنے والوں میں مجھے اپنا نام دیکھ کر بے حد حیرت بھی ہوئی اور گردن میں کسی پٹّے کا انجانا سا احساس بھی ہوا۔ اس محفل میں بھی وہی سب لوگ تھے جنھیں میں فریئر لائبریری میں جدّت اور شہرت کے ہوکے میں مبتلا دیکھ چکا تھا۔ یہاں مجھے پہلی بار جامنی کو جی بھر کر سننے اور دیکھنے کا موقع ملا... آدمی پہلی ملاقات میں تو بس یوں ہی آدھا ادھورا سا کھلتا ہے۔ آج بھی میں نے فاطمہ حسن کو پہلے سے بہت زیادہ مختلف نہیں پایا، وہ اب بھی ایسی ہی لٹی پٹی اور بکھری ہوئی نظر آرہی تھی حالاں کہ اس کا لباس اجلا اور چہرا خاصا مرمت شدہ لگ رہا تھا، لیکن لگتا تھا کہ یہ لڑکی ابھی اپنا آپ سنوارنے کے اُن رموز سے پوری طرح آگاہ نہیں تھی جو عام سی شخصیت کو پُر اثر اور اشتعال انگیز بنا دیا کرتے ہیں۔ اس سب کے باوجود مجھے جامنی میں آگے بڑھ جانے کی شدید لپک نظر آئی جیسے اگر اُسے قدم بھر بڑھاوے کا موقع ملے تو وہ بلا تامل گردنوں کو روندتے ہوئے آگے بڑھ جانے میں رتّی بھر تردّد سے کام نہیں لے گی۔ اسی ملاقات میں مجھے معلوم ہوا کہ فاطمہ شعر بھی کہتی ہے لیکن اُس کے لفظ اور لہجے

کی کپکپاہٹ مجھے متاثّر نہ کر سکے۔ مجھے کچھ ایسا محسوس ہوا جیسے اُس کی شاعری ایک باؤلی ہنڈیا ہو، جس میں اس نے آس پاس کے کھیتوں میں سے جو کچھ دل کو بھایا لے کر جھونک دیا تھا، مگر پھر میں نے سوچا کہ کسی نومولود شاعرہ کے لیے اتنی جلد ایسی کڑوی رائے قائم کر لینا شاید تھوڑی سی زیادتی ہے۔ ابھی تو وہ کورے کپڑے پر پھول کاڑھنے کی مشق کر رہی تھی۔ لیکن ان کچّے پکّے لفظوں کو سناتے ہوئے جامنی کے چہرے پر جس قسم کا تیقّن اور سرشاری نظر آئی، اِس سے مجھے وہ نو مشق مصور یاد آئے جو اپنی ابتدائی پینٹنگز کو ہی مصوری کا شاہکار سمجھنے کے مغالطے میں مبتلا ہو کر مٹ جاتے ہیں۔ یہ بات بہر حال ظاہر تھی کہ یہ لڑکی آسانی سے شاعری کی جان چھوڑنے والی نہیں ہے۔ ہماری یہ ملاقات بھی ایسے اجنبیوں کی طرح تھی جو اتفاق سے کچھ دیر کے لیے ایک ہی سواری میں سفر کرتے رہے ہوں۔ میرے گرد بکھرے ہوئے ذہین لوگ مستقبل کی منصوبہ بندی میں مشغول رہے اور رات گذر گئی۔

ہماری منڈلی میں جن لڑکیوں کے نام تواتر سے لیے جاتے تھے اُن میں اچانک فاطمہ حسن کا نام بھی آنے لگا تھا، جس سے میرے اس گمان کو تقویت پہنچی کہ فاطمہ حسن ہجوم میں کہنیاں چلا کر راستا بنانے کا ہنر خوب جانتی ہے۔ اب ریڈیو کینٹین میں قمر جمیل صاحب کی میز پر عذرا عباس، ناظمہ طالب اور شاہدہ حسن وغیرہ کے ساتھ فاطمہ حسن بھی نظر آنے لگی تھی، اُن دنوں یہ میز تو گویا بزم طلبا کے پروگرام میں راہ داری کا ٹکٹ تھی، صاف دکھائی دے رہا تھا کہ جامنی، نثری نظم کو سیڑھی بنانے کا تہیہ کر چکی ہے۔ جلد ہی وہ بیرک جس میں بزمِ طلبا کا کمرا تھا، اس کی راہ داری کا پختہ فرش فاطمہ کی پینسل ہیل کی ٹک ٹک سے گونجنے لگا اور کمرے میں بیٹھا فلسفی، ہیڈ گر سے کنی کترا کر فاطمہ حسن کے بے باک قہقہوں کے لیے وقت نکالنے لگا۔ اِدھر جامنی کامیابی سے یہ تاثّر دے رہی تھی کہ

ضمیر علی بدایونی کے ہونٹوں سے ٹوٹ کر ادا ہونے والے الفاظ سے وہ دانش کے پھول چن رہی ہے۔ اُن دنوں میں بھی نقار خانے میں آوازوں کی کتر بیونت پر تعینات تھا۔ میں نے دیکھا کہ جامنی بزمِ طلبا کے پروگراموں کے لیے اچانک بے حد اہمیت اختیار کر گئی ہے، وہ مشاعرے سے لے کر مسالمے تک ہر قسم کے پروگرام میں شریک ہوتی، جیسے نوجوانوں میں شوکت عابد سر پر بال جمائے اور ہاتھوں میں کوئی موٹی سی کتاب اٹھائے، ہونٹوں پر مسکراہٹ سجائے اور آواز میں ایک جعلی کھرج پیدا کیے ہر پروگرام میں موجود ہوا کرتے تھے۔ ایک ایسے ہی مشاعرے کی ریکارڈنگ کے دوران شیشے کی دیوار کے اُس پار سے میں نے فاطمہ کو شعر پڑھتے دیکھا۔ اُس کے لہجے کی تھرتھراہٹ میں نمایاں کمی آ چکی تھی، مجھے لگا جیسے وہ اعتماد کی پہلی سیڑھی پر قدم جما چکی ہو، اُسے مشاعرہ لوٹنے کے گر بھی آ گئے تھے لیکن اُس کی آواز سے چبھن کا احساس ہوتا تھا جیسے حلق میں نوکیلی ہڈی آ پھنسی ہو مگر اُس کے الفاظ کی کوملتا اس تاثّر کو کسی حد تک زائل کر رہی تھی پھر اچانک، میں نے دیکھا وہ دوسرے نوجوان شعرا کے اشعار اچھال رہی ہے۔ اس ناگوار تاثّر کو میں نے ایک روزنامے میں نقل کر دیا اور یوں جامنی لڑکی پہلی بار ریڈیو اسٹیشن کے پیپل کے نیچے مجھ پر نازل اور برہم ہوئی۔ اُسی دن میں نے پہلی بار یہ جانا کہ حسن اور توازن تو کسی اور ہی چیز کا نام ہے جسے میں اب تک رنگوں اور ساخت میں تلاش کرتا آیا تھا۔ اسی ملاقات کے بعد مجھے معلوم ہوا کہ جو لڑکی صرف مسکرانا جانتی ہو، وہ آپ کو کسی بھی وقت رلا سکتی ہے، اتنے بہت سے انکشافات کے ساتھ مجھے اس پر بھی یقین کرنا پڑا کہ دنیا میں عورت سے بڑا طلسم شاید کوئی اور نہیں ہے۔ یہاں سے ایک خاموش مرد اور پیچیدہ عورت کی دوستی کا آغاز ہوا۔ ایسی دوستی جس کا کبھی باقاعدہ اعلان ہوا اور نہ ہی اعتراف کیا گیا اور نا ہی کوئی مکالمہ یا ملاقات، جسے اس تعلق کا شاخسانہ قرار دیا جائے۔ میں نے سوچا کہ شاید یہ

تصویر خانہ (کچھ خاکے) 59 ممتاز رفیق

جامنی کی سیاہ ہرنی جیسی وحشت ہے جو اُسے اپنے سے باہر کی دنیا سے چوکنّا اور محتاط رکھتی ہے اور یہ جو اُس کے رویے میں کڑواہٹ ہے، وہ شاید نو عمری کے کسی تلخ تجربے کے باعث ہے... لیکن مجھے اعتراف کر لینے دیجیے کہ آگے چل کر اس ہوش مند لڑکی نے میری تمام خوش خیالیوں پر پانی پھیر دیا۔ کراچی کی نواحی بستی الفلاح میں سکونت رکھنے والی یہ لڑکی جو محفلوں میں نہایت بااعتماد نظر آتی تھی اور جسے لوگوں کے کام میں کیڑے نکالنے کا فن خوب آتا تھا، اصل میں وہ ایک کمپلکس میں مبتلا تھی، جانے کیسے وہ یقین کر بیٹھی تھی کہ دوسروں کے اشعار پر ٹھٹھے لگا کے وہ شاعری کی تاریخ میں اپنے لکھے ہوئے لفظ کے لیے جگہ بنا رہی ہے۔ لوگ سمجھتے تھے کہ فاطمہ اپنی شاعرانہ انا سے مجبور ہو کر، اپنی شناخت قائم کرنے اور ساکھ بنانے کے لیے دنیا کو بھلائے ہوئے ہے۔ حالاں کہ یہ بھی محض فریبِ خیال ہی تھا دراصل اُن دنوں وہ ایک فہرست مرتب کر رہی تھی کہ آگے کے سفر میں وہ کون سے لوگ ہیں جن کے کاندھوں پر چڑھ کر اُسے دنیا میں پل صراط جیسی یہ مسافت طے کرنی ہے۔ ایک ذہین لڑکی کی طرح اُسے معلوم تھا کہ آئندہ قدم کے کانٹے چننے کے لیے اسے اور کن ہاتھوں کی ضرورت پڑ سکتی ہے۔ اب اگر اُس نے کچرے کو صاف کرنے کا فیصلہ کیا تھا تو اس میں کسی کدورت کا کیا محل ہے؟ واقف کار میری اس بات پر شک و شبہ کا اظہار کرتے ہوئے دلیل لائیں گے کہ جمال چوکور (جمال احسانی) مختصر مکمّل (صابر ظفر) بہت دور تک اس کے ساتھ بہے تو وہ کون سے طرم باز خاں تھے کہ جامنی نے انھیں اپنا شریک سفر رکھا؟ صاحبو! اس کے بھی دو کارن میری فہمِ ناپختہ میں آتے ہیں، ایک تو یہ کہ یہ دونوں ہی اُس زمانے میں نہایت تہی دست تھے۔ اور روٹی کے ایک لقمے اور شوربے کی تلچھٹ کے عوض انھیں اپنی خواہش کے مطابق ہانکنا ممکن تھا۔ اس کے علاوہ یہ کہ وہ شاعر تھے اور جامنی جانتی تھی کہ اپنے سے بہتر شاعروں

کے ساتھ سنگت رکھ کر اپنی کچّی پکّی شاعری کا بھی بھرم قائم رکھا جا سکتا ہے، پھر اس کے علاوہ یہ کہ ہر بساط پر پیادوں سے لے کر فیل اور وزیر تک مختلف مہروں کی ضرورت ہوتی ہے۔ اچھا کھلاڑی وہی ہوتا ہے جو ہر مہرے کی افادیت سے خوب آگاہ ہو، اور ہماری جامنی نے آگے چل کر ثابت کیا کہ وہ کمال کی شاطر ہے۔ کچھ مہرے اپنے ذاتی اوصاف کی وجہ سے اپنا ایک الگ مقام حاصل کر لیتے ہیں، بھائی جمال احسانی بھی ایک ایسے ہی آدمی تھے۔ ہر دوسرے آدمی کی طرح خود انھوں نے بھی اپنی ایک بساط بچھا رکھی تھی اور عجب نہیں اگر اُن دنوں جب جامنی انھیں کام میں لانے کے منصوبے بنا رہی تھی وہ خود بھی جامنی کے لیے ایک کردار طے کر رہے ہوں۔ اس اظہار میں شاید کچھ ابہام سا آگیا ہے لیکن دراصل یہ اس تعلق کی پیچیدگی کا تقاضہ ہے جو جامنی اور جمال کے بیچ ایک طویل عرصے تک قائم رہا۔ مجھے تو ایسا لگتا ہے جیسے وہ دونوں ہی سوچے سمجھے انداز میں ایک دوسرے کے لیے استعمال ہوتے رہے، فاطمہ حسن کو اس معاملے میں بھی فوقیت حاصل رہی۔

جمال احسانی اپنی زندگی کے آخری دنوں میں فاطمہ کے گھر میں رہے، محفلوں میں یہ تذکرہ رہا کہ جامنی نے جمال کی دلجوئی اور تیمار داری اور دوا دارو میں کوئی کسر نہیں اٹھا رکھی اور ایک جمال ہی نہیں اس کا پورا گھرانا اُن دنوں فاطمہ کے گھر پر پڑاؤ ڈالے رہا۔ میں نے خود دیکھا کہ فاطمہ، جمال کی بد پرہیزی پر گرفت کر رہی ہے اور میں نے باہر آکر اس احوال کو عام بھی کیا جس کسی شاعر یا صحافی نے اس بات کو سنا، اُس نے فاطمہ بی بی کا امیج ”رحم دل شہزادی“ کے طور پر ابھارنے میں مقدور بھر حصہ لیا۔ پرانی دوستی کی پاسداری اپنی جگہ لیکن یقیناً یہ فاطمہ کے اپنے منصوبے میں شامل رہا ہو گا کہ جمال کی بیماری کے دوران اپنی خدمات کو خوب ہوا دی جائے، یہ چیز خود جمال کی اپنی شخصی کیمیا میں بھی شامل تھی۔

میں نے یہ دیکھا کے آخر شراب جمال کو چٹ کر گئی... اس کے بعد فاطمہ جس طرح جمال کے اہلِ خانہ کی بہبود کے لیے متردد اور متحرّک اور مصروف رہی، اُس پر کون صاحب دل ہو گا جس نے کلمۂ آفرین نا کہا ہو گا۔ ہم نے اس حوالے سے لوگوں کو جا منی کے لیے کلماتِ تحسین ادا کرتے سنا اور پھر وہ تقریب ہوئی جس میں جمال احسانی کی بیوہ اور بیٹی کو پانچ لاکھ کا چیک پیش کیا گیا، تقاریر ہوئیں اور تصاویر بنیں، پوری تقریب میں فاطمہ حسن پھدکتی پھری۔ تقاریر میں جمال کی شاعری سے زیادہ فاطمہ حسن کی دردمندی پر خراج تحسین پیش کیا گیا۔ شاید یہ سب اسی طرح ہوتا ہو گا اور شاید اس دھوم دھڑے میں یہ حکمت پیش نظر رکھی جاتی ہو گی کہ شاید اس طرح دوسرے لوگوں میں بھی کارِ خیر کی یہ مشعل روشن ہو سکے۔ لیکن معاف کیجیے گا ہر مجبور کی ایک عزتِ نفس بھی ہوا کرتی ہے اور اُسے محض کاغذ کے چند چیتھڑوں پر نثار نہیں کیا جا سکتا۔ اگر یہ قصہ اسی پنڈال میں تمام ہو جاتا تو بھی شاید بات اتنی ناگوار نہ ہوتی کیوں کہ اس تقریب میں بہت زیادہ لوگ شامل نہیں تھے، لیکن یہ تو محض آغاز تھا۔ ہم نے دیکھا کہ اخبارات کئی روز تک جمال احسانی کی قبر کی خاک اچھالتے رہے اور اڑتی ہوئی یہ مٹّی فضا میں جامنی لڑکی کی مسکراتی ہوئی شبیہ تشکیل دیتی رہی... اس سے قبل دلاور فگار مرحوم کے حوالے سے بھی یہی سب کچھ ہوا تھا۔ مجھے تو ایسا لگا جیسے ان مرحوم شاعر، ادیبوں کو ایک مشہور برانڈ کا درجہ دے کر مارکٹینگ کے آزمودہ نسخوں کے تحت اپنے ذاتی امیج کو بہتر بنانے کے لیے استعمال میں لایا گیا ہو۔

فاطمہ حسن نے وہاں سے یہاں تک پہنچے کے لیے ایک طویل مسافت طے کی ہے اور اس سفر کے دوران اُس نے جس ذہانت سے میڈیا کو استعمال کیا ہے اس کی داد نہ دینا بے حد تنگ دلی ہو گی، اسی کے ساتھ اس مدّت میں اُس کا محکمہ تعلقات عامہ بھی بے حد

فعال اور مؤثر کردار ادا کرتا رہا۔ یہ جامنی کی ہوش مندی کی دلیل ہے کہ وہ اپنی تخلیقی بساط سے ہر آن باخبر رہی اور کسی گمان میں مبتلا ہوئے بغیر جہاں ضروری ہوا وہاں اُس نے اپنی تخلیقات کے حوالے سے ڈھول بھی پٹوائے، جہاں مناسب خیال کیا وہاں خبریں لگوائیں، مضامین چھپوائے، تبصرے لکھوائے اور جب میدان کو ہموار دیکھا اور محسوس کیا کہ آگے کے سفر میں نواحی بستی کا یہ مکان سدراہ ہو سکتا ہے تو ایک سادہ دل نوجوان کو سرتاج کے عہدہ پر فائز کر کے اُس کے گلے کا ہار بنی اور الفلاح کو خیر آباد کہا اور گلشن اقبال کو کوچ کیا اور ایک کشادہ سے بنگلے میں آ اتری، اب یہ کرید فضول ہے کہ اس نئی اقامت گاہ کی اصل ملکیت کس کے نام پر ہے؟ جامنی کی اس سے قبل کی زندگی جدوجہد، مجاہدے اور محنت کی ایک طویل کتھا ہے، آدمی کے لیے اپنا آپ یکسر بدل دینا کبھی بھی آسان نہیں رہا ہے اور یہ تو ماہیتِ قلب کا قصہ تھا۔

اس کایا پلٹ کا آغاز صوبائی شعبہِ اطلاعات کے پرچے "اظہار" سے ہوتا ہے جس کی وہ مدیرہ ٹھہری اور جمال احسانی اور صابر ظفر اُس کے رفیقِ کار قرار پائے۔ جس اجڑی ہوئی زرد عمارت میں اس پرچے کا دفتر قائم تھا، اُس کے بوسیدہ پھاٹک سے بے روک ٹوک گذر کے جب آپ کشادہ دروازے کو پار کرتے ہوئے ایک بڑے سے ہال میں قدم رکھتے تھے تو ویرانی اور بے ترتیبی اور بد سلیقگی اور دو سمت جمائی گئیں خالی میزوں کے پیچھے بیٹھا ہوا صابر ظفر نیم آسودہ مسکراہٹ سے آپ کا خیر مقدم کیا کرتا۔ اس ہال کے دوسرے سرے پر لکڑی کے پارٹیشن کے عقب میں نہایت ناکشادہ جگہ میں آپس میں جڑی دو میزیں بچھی تھیں، جن میں سے ایک پر دھان پان سی فاطمہ حسن اور دوسری پر مناسب ناک نقشے اور چمک دار رنگت اور چست لباس میں ملبوس ایک لڑکی براجمان ہوتی تھی، جس کے سامنے دھرے آلہ صوت کو جیسے ہر لمحے بے سری آواز میں گنگنانے کی خدمت

سونپ دی گئی تھی اور جامنی کے سامنے جمال اور بیچ میں حائل میز پر ضروری، غیر ضروری کاغذات کے انبار اور دفتر کی ضرورت کی بہت سی اور چیزیں اور جمال احسانی کے پھولے ہوئے چہرے اور سکڑی ہوئی تیز آنکھوں کا ہدف فاطمہ، جو خود کو مصروف ظاہر کرنے کے جتن میں جتی نظر آتی۔ ابتداً مجھے اس راہ داری نما تنگ کمرے میں اس خوش رنگ چست لباس لڑکی کا وجود بے جواز نظر آیا لیکن بہت جلد میں نے جان لیا کہ اُس کی یہاں موجودگی دراصل جامنی کی ایک نفسیاتی ضرورت کو پورا کرتی ہوگی، کسی کم رُو کے لیے کسی خوش رنگ کا اُس کی ماتحتی میں ہونا نفسیاتی لحاظ سے اپنے اندر تسکین کا خاصا سامان رکھتا ہے۔ رہا جمال احسانی تو وہ تو خیر، یہاں اپنی دھونس سے جما ہوا تھا۔ جامنی کے لیے جمال اور صابر کا ماتحت ہونا اس لحاظ سے بہر حال سود مند تھا کہ وہ دونوں ہی اُس سے بہت بہتر او رنامور شعرا تھے۔ میں نے "اظہار" کے اسی دفتر میں فاطمہ حسن سے اپنے "تین سادہ صفحات" کے عوض تین دن کے راتب کا سودا کیا۔ یہ نوکری جامنی کے لیے بڑی بھاگوان ثابت ہوئی۔ "اظہار" غیر اہم اور سرکاری پرچہ سہی لیکن اِس پرچے کے مدیر کی حیثیت سے فاطمہ حسن نے معروف لکھاریوں اور ادبی دنیا میں اثر انگیزی رکھنے والوں سے تعلقات میں گرم جوشی کی ایک نئی فصل کا بیج بویا۔ اسی دوران اس دفتر کے ہال میں میز کرسیاں ہٹا کر مشاعروں کا بھی اہتمام کیا گیا، جس میں نامور شعرا کو میں نے ڈولتے قدموں سے اسٹیج کی طرف بڑھتے دیکھا۔ ان شعرا کی دیکھ بال اور تواضع کی ذمہ داری بہ ہر کیف فاطمہ پر عائد ہوتی تھی، جسے قرائن بتاتے ہیں کہ اُس نے مستعدی سے انجام دیا۔ اور ظاہر ہے یہ خدمت بے فائدہ ہر گز نہیں رہی ہوگی۔ دفتر کے اسی گوشے میں جامنی نے ایک خاص ڈھب سے مسکرانا، بوقت ضرورت بالوں کو ادا سے جھٹکنا، لباس کے رنگ، اُن کی چست تراش خراش اور بے چہرگی کو شکل دینے کیلیے میک اپ کی اہمیت اور آلہ

صوت کا درست استعمال اور تعلقات میں گرماہٹ کی ضرورت اور غیر اہم لوگوں کو نظر انداز کرنا سیکھا۔ ایک چیز جس سے وہ اس عرصے میں بھی محروم رہی، وہ اظہار تھا سُو وہ اپنے پھول دامن میں بھرے کسی خوش نصیب ساعت کی منتظر رہی اور اُس نے شاعری کو زیادہ شدّت سے اختیار کیا، لیکن اگر آدمی میں سچ کی آگ ماند پڑ جائے تو... آہستہ آہستہ جامنی کو سلیقے سے ملبوس ہونے اور شعر پڑھنے کا سلیقہ آتا گیا اور انجام کار یہ حوصلہ بھی کہ وہ دامن میں بھرے پھول دریا میں بہا سکے، اس کام کے انجام پانے کے بعد اُس نے اپنی خالی جگہوں پر توجہ کی اور زیادہ بہتر سرکاری کرسی کی جستجو میں صرف ہونے لگی۔

پھر ہم جامنی لڑکی کو نہایت ٹھسّے سے ایک بڑی سرکاری کرسی پر براجمان دیکھتے ہیں جیسے اُس کے ہاتھ جادو کا کوئی چراغ لگ گیا ہو، اب اس کی ہر مشکل چٹکی بجاتے حل ہو جایا کرتی۔ اُس کی شخصیت میں اخباری سطروں سے ہر دل عزیزی کے ناحق احساس پیدا ہوا، جس نے اُس میں حد سے بڑھے ہوئے اعتماد کو وجود دیا، جس کے باعث فاطمہ میں ایک یقینِ باطل سا پیدا ہو گیا کہ اب اسے ہر ادبی محفل میں صدارت یا اس کے قریب ترین جگہ پر نشست کرنے کا حق حاصل ہو چکا ہے اور جہاں کہیں جامنی کو موقع مل جائے وہ اپنی اس حیثیت کو جتانے سے باز نہیں آتی۔

شاعری جو کبھی فاطمہ حسن کا محض تعارف کا ایک ذریعہ تھی، اب اُس کے لیے وجہِ افتخار بن چکی ہے۔ لاہور کے وصی شاہ اور اسی قبیل کے دوسرے شعرا کی طرح فاطمہ حسن کی شاعری کے بھی بہت سے مداح ہیں لیکن کیا کیجیے کہ ناموری کا چسکا بری بلا ہے۔ جامنی جسے ابھی شاعری سے پوری شناوری بھی حاصل نہیں ہوئی تھی اور جس کے لکھے الفاظ تاثیر کی تلاش میں ڈولتے پھرتے تھے، وہ تالیوں کی گونج اور واہ واہ کے شور اور دور کی گواہیوں اور بے خبر مداحوں کی آٹو گراف بکس پر دستخطوں کے زاویوں میں ایسی بھٹکی

کہ خود کو پوری شاعرہ قیاس کر بیٹھی، اُس نے جانا کہ شاعری کی بوند بوند اس کے قلم سے گذر کر کاغذ پر منتقل ہو چکی، اُسے لگا جیسے پھر بھی وہ اُس پذیرائی سے محروم رہی ہے جس کی وہ حق دار تھی۔ اُس نے اپنی بیاض ایک طرف رکھی اور نثر پر چڑھ دوڑی۔

اس موڑ پر ہم اُسے کہانیاں لکھتے دیکھتے ہیں جو اُس کے اپنے خیال میں خود اُسے لکھ رہی تھیں، خیر آدمی اپنے بارے میں کوئی بھی قیاس قائم کرنے کے لیے آزاد ہے۔ خیر سے فاطمہ کی کہانیوں کا مجموعہ شائع ہوا اور ہم نے اُسے اِدھر اُدھر ہوتے دیکھا۔ شاعری کے بعد نثر بھی اُس کی شہرت کی پیاس بجھانے میں زیادہ کامیاب نہیں رہی تھی۔ اب لے دے کر تنقید کا میدان باقی رہ گیا تھا اور ہم نے جلد ہی نسائی تنقید کے نام پر جامنی کو تنقید پر جھپٹتے دیکھا۔ مجھے لگتا ہے کہ فاطمہ حسن پوری دیانت داری سے فہمیدہ ریاض سے متاثر ہے کہ جہاں فہمیدہ قدم رکھتی ہیں، فاطمہ وہاں نقشِ قدم ثبت کرنا اپنا فرض خیال کرتی ہے۔ ظاہر ہے کہ اپنے سینئر کے بنائے ہوئے راستے پر سر ڈالے چل پڑنا ایک اچھی روش ہے لیکن آدمی کو یہ خیال ضرور رکھنا چاہیے کہ اُس کے اپنے پاس کیا اثاثہ دھرا ہے، ورنہ منزل تو کیا راستا بھی جاتا رہتا ہے لیکن جامنی کے اپنے منصوبے اور منصوبہ بندیاں ہیں، وہ سرگرم سفر ہے اور اس قحط رجال میں کچھ عجب نہیں کہ اگر کسی دن وہ بھی کسی کنارے جا لگے۔ اس کی شخصیت میں جو ایک بات مجھے بہت متاثر کرتی ہے وہ اس کی کوششِ پیہم ہے، جب وہ خالی جھولی یہاں تک آ پہنچی ہے تو کہیں بھی پہنچ سکتی ہے۔ اس سفر کے انجام پر آنکھوں کی کئی جوڑیاں جمی ہیں دیکھیے، یہ کہاں اختتام پذیر ہوتا ہے اور رہے ہم تو بہر حال اتنا تو ہم بھی جانتے ہیں کہ کوئے کی کائیں کائیں سے قافلے نہیں رکا کرتے۔

آپ نے دیکھا کہ آدمی میں مٹّی سے موتی بننے کی کیسی غیر معمولی صلاحیت موجود ہے، لیکن افسوس ایک آنچ کی کسر کیے کرائے پر پانی پھیر دیتی ہے۔ میں سوچتا ہوں

جامن کے پیڑ کی طرح پھلنے پھولنے والی اس لڑکی نے اگر اپنی بنیاد میں تھوڑا سا اخلاص، رتی بھر سچائی اور مٹھی بھر انسان دوستی کی گنجائش رکھی ہوتی تو آج مجھ جیسے کتنے ہی تہی دامن اُس کے سائے میں بیٹھنے پر فخر کر رہے ہوتے، لیکن وہ آج بھی گھاٹے کے سودے پر یقین نہیں رکھتی۔ اب اس کے دولت کدے پر صرف بہت معروف لوگوں کو داخلے کی اجازت ہے یا پھر درمیانے درجے کے وہ شاعر و ادیب جو اپنی موت کے بعد اُس کے شہرت و عظمت کو چار چاند لگا سکیں۔ میں نہیں جانتا کہ میری یہ تحریر ایک شخصی مضمون ہے یا شخصی خاکہ کیوں کہ فاطمہ حسن مجھے اب تک یہ تعلیم کرنے کی فرصت نہیں پا سکی کہ شخصی خاکے اور مضمون میں بنیادی فرق کیا ہوتا ہے لیکن خیر یار زندہ صحبت باقی شاید کبھی وہ میرے لیے بھی چند لمحے نکال سکے۔

☆☆☆

فرتینج بُل : قمر جمیل

فرتینج بُل میں اب وہ پہلے جیسی چستی باقی نہیں رہی۔ وہ چائے کی چسکی کے ساتھ سگریٹ کا گہرا کش اور پھر ایک گونجتا ہوا قہقہہ، جس سے ریڈیو کینٹین کی فضا نکھرتی ہوئی محسوس ہوتی، لڑکے لڑکیوں کی آنکھیں مسکرانے لگتیں۔ اُس کے لہجے میں اس بلا کا تیقّن ہوتا جیسے وہ، جو کچھ کہہ رہے ہو بس وہی حرفِ آخر ہو اور روحِ عصر اور جدید حسیت اور نثری نظم کی قوتِ اظہار اور رلکے، رانبو اور بودلیئر کے تخلیقی کمالات پر جذبات سے اٹی بلند آہنگ گفتگو اور کسی بچے کی سی حیرانی سے اٹھائے جانے والے سوالات اور ڈرائینگ روم کے کابکوں میں بند کبوترا اور ریڈیو کا وہ کمرا جہاں قمر جمیل، جرمن فلسفے کے شہید ضمیر علی بدایونی سے ہیڈیگر کے فلسفے پر نہایت سرگرمی سے گفتگو کیا کرتے اور طلعت حسین جنھیں میزبان رکھنا اُن کا کُل وقتی مشغلہ تھا اور سلیم احمد مرحوم جن سے ہمارے ممدوح نے ایک جھوٹی جنگ چھیڑ رکھی تھی حالاں کہ وہ جانتے تھے کہ اس وقت سلیم احمد مملکتِ ادب کے سب سے بڑے آدمی ہیں۔

ہمارے محترم نے ہمیشہ بڑی شدّ و مد سے سلیم احمد کی اس بات کی تائید کی کہ شاعری اُن کا سب سے کم زور بچّہ ہے لیکن یہ ہرگز مان کے نہیں دیا کہ یہ ہاتھی کا بچّہ ہے۔ یہ الگ بات کہ ان تمام تر معرکہ آرائیوں کے باوجود ان دونوں بزرگوں میں ہمیشہ ایک گہری مخفی محبت موجزن رہی، ان دونوں کے بیچ کبھی کوئی ایسی صورت حال پیش نہیں آئی جسے ناگوار قرار دیا جاسکتا ہو، اور یوں باہمی احترام کا یہ رشتہ سلیم احمد کی آخری سانس تک بر

قرار رہا۔ ایسا لگتا ہے کہ جیسے وہ سب ایک خوب صورت خواب تھا جسے وقت بہالے گیا۔

آج وہ قدرے منضبط، محتاط اور خاموش آدمی نظر آتے ہیں، ایک ایسے آدمی جن کی آنکھیں شوخی سے مسکرانا بھلا بیٹھی ہیں اور سگریٹ جس کا شعلہ ہر آن اُن کے ہونٹوں پر دہکتا رہتا تھا، اب اُن کے معالج نے ہمیشہ کے لیے بجھا دیا ہے اور انگلیاں جو برش اور کینوس کے کھیل میں ملوث ہونے کے باعث اکثر بدرنگ نظر آتی تھیں، اب اپنی اصل رنگت حاصل کرچکی ہیں اور دونوں گال ڈھلک آئے ہیں اور قہقہے نے دھیمی مسکراہٹ کا روپ دھار لیا ہے۔ لیکن قلم پر اُن کی گرفت اب زیادہ مضبوط اور متواتر نظر آتی ہے اور بے ضرر غیبت کا شوق، ہوٹل بازی کا چسکا، گفتگو کا ہوکا، دوسروں سے باخبر رہنے کی خواہش، اس ناتوانی اور بیماری میں بھی اُن میں پوری قوت سے وجود رکھتی ہے۔ یہ وہی قمر جمیل ہیں جن کی سیٹی کی آواز، کبھی نئے شاعروں کے شعری قدوقامت کا تعین کیا کرتی تھی اور جن کی گفتگو اُن کی تحریروں سے زیادہ مقبول تھی کہ ہمارے ممدوح ایک طویل مدّت تک زبان کے چٹخارے اور لفظوں کے بہاؤ میں بہتے رہے اور اس سفر میں انھیں بہت کم قلم پکڑنے کا خیال آیا۔

قمر جمیل کو میں نے پہلی بار ریڈیو کینٹین کی ایک میز پر نوجوان لڑکوں اور لڑکیوں کے جھرمٹ میں بیٹھے برسرِ گفتار دیکھا اور کسی معمولی کی طرح ایک کونے میں دبک کر جا بیٹھا اور پھر وہ آواز بارش سے پہلے کی سبک پھوار کی طرح مجھ پر برسنے لگی اور پھر میرے چوگرد جیسے رنگ سے بکھرنے لگے اور میں ڈوبتا چلا گیا۔ وہ شاعری کی اعلیٰ وارفع تعریف کے ساتھ جن مغربی شعرا کو حوالہ بنا رہے تھے، وہ سب نام میرے لیے اجنبی تھے اور میں اُن شعرا کو پڑھے بغیر اُن سے متاثّر ہوتا چلا گیا۔

اُن دنوں ہمارے قمر جمیل فرانسیسی شعرا کے تخلیقی کمال کے شہر میں سب سے

بڑے وکیل تھے اور ایسا محسوس ہوتا تھا کہ جیسے ان شعرا نے پاکستان میں اپنی لڑائی لڑنے کے لیے قمر جمیل کی خدمات حاصل کر رکھی ہوں۔ اُن دنوں میں جیسے کسی سحر میں مبتلا تھا بلکہ میں ہی نہیں اُس منڈلی کا ہر رکن اسی کیفیت سے دوچار تھا۔ شاعری کے بارے میں قمر بھائی کی گفتگو سن کر شاعر کا جو بلند و بالا ہیولا اور مقام میں نے تصور کیا، اُس کے سامنے مجھے میر و غالب کی شاعری بھی ہیچ نظر آنے لگی۔ سُو میں نے فی الفور شاعری ترک کی اور فرنچ بُل سے دور ہوتا چلا گیا۔ مجھے خدشہ تھا کہ اگر میں نے کچھ اور دن اُن کی سرپرستی میں گزار دیے تو شاعری تو الگ رہی میں نثر نگاری سے بھی جاتا رہوں گا جو ابھی میرا حوالہ نہیں بنی تھی۔ مجبوری یہ تھی کے پیٹ گرم رکھنے کے لیے میں ریڈیو پروگرام کرنے پر مجبور تھا اور یہ ممکن نہیں تھا کہ آدمی ریڈیو جائے بھی اور خود کو قمر جمیل صاحب سے دور رہنے پر آمادہ بھی کر سکے۔ سُو میں نے اُنھیں پھر اختیار کیا اور یوں بے اختیار ہوتا چلا گیا۔ اُن دنوں میں اُن پر ایمان لانے والا پہلا غیر تخلیقی آدمی تھا۔

قمر جمیل کہہ رہے تھے: میں وہ ہوں جسے غلط زمین، غلط وقت اور غلط لوگوں کے درمیان اتارا گیا، اور پہلی ملاقات میں تو آپ بھی چاہے آپ کتنے ہی ذہین و زیرک کیوں نہ ہوں، اُن کے اس دعویٰ پر ایمان لے آئیں گے۔ یہ چھوٹا سا گول مٹول دانش ور، جس کی بتّیسی کے اوپری حصے میں اب صرف تین دانت باقی رہ گئے ہیں اور جو اپنی شاعری میں جنگلی لڑکیوں سے چھیڑ خوباں والی معاملہ بندی میں ملوث رہتا ہے اور افریقا کے گھنے خوش بودار جنگل جس کا خواب ہیں اور جو خانہ بدوش لڑکیوں کی آواز پر لبیک کہتے ہوئے بھٹک جانا چاہتا ہے۔ اُسے جدید دنیا میں باندھ کر ایک ایسے نقار خانے میں بٹھا دیا گیا ہے جہاں اُس کے لیے اس بات کے مواقع بہر حال موجود ہیں کے وہ جنگل جیسی لڑکیوں کے نرغے میں رہ سکے۔ اس آدمی کا المیہ یہ ہے کہ اُس کے لیے اپنے ماضی سے رشتہ منقطع کر لینا

سہل نہیں ہے۔ یہ ایک ایسے آدمی ہیں جنھیں فطرت سے رشتہ استوار کرنے کے جرم میں جنگل سے بے دخل کر دیا گیا اور جدید دنیا میں کتاب پڑھنے کے جرم میں قیدِ تنہائی سنا دی گئی۔ یہی سبب ہے کہ اونچی آواز میں سوچنا اور خود کلامی اُن کی عادتِ ثانیہ ٹھہری۔

جب تنہائی اُن کے اعصاب پر بوجھ بننے لگتی ہے تو قمر جمیل صاحب کینوس پر اپنے تجربے تصویر کرنے کی کوشش میں مصروف ہو جاتے، لیکن ہوتا یہ کہ اکثر اُن کے خواب اُن کی انگلیوں میں لپٹے رہ جاتے اور کینوس گہرے تیز رنگوں سے بھر جاتا۔ کتنی عجیب بات ہے کہ لڑکیاں عموماً اُن کی پینٹنگز میں معنی تلاش کر لیا کرتیں۔ اُس دن تو میری حیرت کی انتہا نہیں رہی جب ایک معلمہ نے جس کا علوم و فنون سے دور کا بھی تعلق نہ تھا، قمر جمیل صاحب کی ایک پینٹنگ کو ''بھٹے کا کھیت'' قرار دے دیا۔ اس سے بڑھ کر تعجب کی بات یہ تھی کے فن کار نے بخوشی لڑکی کے تبصرے کی تائید کرتے ہوئے مسرت کا اظہار کیا۔ اس واقعے سے مجھے اندازہ ہوا کے تخلیق کی تفہیم کے لیے مہارت سے زیادہ اہم چیز وہ خلوص ہوتا ہے جو خالق، تخلیقی عمل کے دوران برتا کرتا ہے۔

قمر جمیل صاحب سے میری ملاقات ریڈیو کینٹین اور ان تصاویر تک محدود رہی جو میرے دوستوں کے آرائشی کمروں کے کونوں کھدروں میں خاک سے اٹی پڑی رہتی تھیں۔ جب قمر بھائی انگلیوں میں سگریٹ دابے، چائے کی چسکی کے ساتھ رانبو، سارتر، بودلیئر اور میر و غالب کو نشانے پر رکھے محوِ گفتار ہوتے تو اُن کے چہرے پر ایک سیاہ نور سا پھیل جاتا۔ اُن دنوں میں سوچا کرتا تھا کہ یہ شخص جو شعر، تنقید اور کالم لکھتا ہے اور اپنی تخلیقی پیاس بجھانے کے لیے وقت نکال کے کینوس پر گل کاری کا مشغلہ بھی جاری رکھے ہوئے ہے، اُس نے اتنا بہت کچھ آخر کیسے سیکھ لیا؟ میرا قیاس ہے کہ شائد وہ کم پڑھتے اور اس سے زیادہ معنی اخذ کر لیتے تھے یا شاید خود اپنے ذہنِ رسا سے اُس تحریر کو ایک

بالکل نئی معنویت سے سرفراز دیتے تھے۔ قمر جمیل ایک ذہین آدمی ہیں اور ذہین آدمی اس وقت نہایت مہلک ثابت ہو سکتا ہے جب اُس کی ذہانت خود اسی کو چومنے چاٹنے لگے۔

ابتدا میں انھیں تماشا کرنے کا بہت شوق تھا اور یہ ہر لمحے اپنے اردگرد آدھے ادھورے دانش وروں کی بھیڑ لگائے رکھتے، جن میں سے کچھ نثری نظم کے شیدائی ہوتے تو کچھ ریڈیو پروگراموں کے طلبگار اور نام بٹورنے کے شوقین اور موصوف محفل کے دولھا بنے ہر کس و ناکس کو دانشوری کے پھول پتّے بانٹتے رہتے۔ یہ سچ ہے کہ اُنھوں نے نوجوان نسل کے ایک بڑے اور ذہین حصے کو متاثر اور مضروب کیا۔ لوگوں کے بارے میں اُن کی رائے کروٹ بدلتے موسم کی طرح دائیں بائیں ہوتی رہتی، آج اگر وہ احسن سلیم کی کسی نظم پر لولوٹ ہوئے جاتے ہیں تو عین ممکن ہے کہ کل یہی نظم ان کی سرکار سے مردود قرار پائے۔ اصل میں قمر بھائی موڈ کے بہاؤ میں بہنے والے آدمی تھے، اوّل و آخر ایک فنکار۔ ایسا نہیں ہے کی وہ رائے دینے میں مصلحت سے کام لیتے تھے دراصل وہ اپنے دوستوں کو بددل ہوتا نہیں دیکھ سکتے تھے لیکن ان کے لیے یہ بھی ممکن نہ تھا کہ وہ جانتے بوجھتے ہوئے ایک غلط رائے پر اصرار کرتے رہیں، کیوں کہ دانش مند آدمی تھے اس لیے جانتے تھے کہ کون کس وقت کس بات سے مطمئن اٹھے گا اور دراصل لوگوں کا یہ اطمینان ہی ان کی بین الصوبائی ہر دل عزیزی کا سبب بھی تھا۔

میں نے بہت کم انھیں ایسے حلیے میں دیکھا، جس کے بنانے سنوارنے میں آدمی کو صبح دَم تھوڑی سی محنت کرنی پڑتی ہے۔ بال بہت لانبے اور کسی ایسی بیل کی طرح بکھرے ہوئے جسے سنوارنا مالی اپنا فرض خیال نہیں کرتا۔ اس تمام بے ترتیبی میں جو چیز معنی پیدا کرتی تھی وہ اُن کا فنِ خطابت تھا۔ حقیقت یہ ہے کہ ہمارے ممدوح کا شخصی جوہر اُن کے حسنِ گفتار میں بند تھا۔ جب یہ حالتِ کلام میں ہوتے تو آدمی کے پاس اس کے سوا کوئی اور

چارہ نہیں رہ جاتا تھا کہ بس وہ کہا کریں اور سب اُنھیں سنا کریں۔

دوسرے بہت سے لوگوں کی طرح اُنھیں بھی نثری نظم کا دولھا بننے کا ارمان ایک طویل عرصے تک گمراہ کرتا رہا اور وہ بھی دامے، درمے، سخنے نثری نظم کو پروان چڑھانے کے لیے کسی ماں کے سے درد سہتے رہے، لیکن ایک بار جب اُنھیں ٹیلی وژن پروگرام میں نثری نظم کا مقدمہ پیش کرنے کا موقع ملا تو کیمرے نے اُن کی آواز ضبط کر لی اور اس بہانے دشمنوں کو یہ کہنے کا موقع ہاتھ آ گیا کہ نثری نظم میں جان نہیں ہے۔ قمر جمیل صاحب ہمیشہ اپنے اس دعویٰ پر اٹل رہے کے نثری نظم کی قوّت کے معترف سب ہیں لیکن اُن میں کھلے بندوں اس کے اعتراف کرنے کی جرأت نہیں ہے۔ جب اُنھوں نے پہلے پہل نثری نظم کی تحریک کو آگے بڑھانے کا بیڑا اٹھایا تو وہ بے حد پُر جوش تھے۔ اُن دنوں ریڈیو کینٹین کے بیرے کو ضرورت سے بہت زیادہ چائے اور گنجائش سے کہیں زیادہ بل پیش کرنے پر مجبور کیا جاتا۔ ایک بھیڑ ہوتی جس کی رنگ برنگی آوازیں مردہ شعلے کی طرح کینٹین کی فضا میں تیرتی پھرتیں، لیکن یہ کھیل زیادہ عرصے جم نہ سکا۔

اس کے بعد پنٹاگون، وہ کاروباری ادارہ، جس میں اُنھیں پہلی بار گھومنے والی کرسی اور کرائے کی کار میں بیٹھنے کا تجربہ حاصل ہوا۔ پینٹاگون کی امتیازی خصوصیت یہ تھی کہ اس کے تمام کارکن ڈائریکٹر کے عہدۂ جلیلہ پر فائز کیے گئے اور مزید ترقی کے لیے کمپنی کے حصص کی فروخت کی شرط عائد کی گئی۔ جس سے دانشورانِ پینٹاگون میں 'مرغے پکڑ مہم، کی گرما گرمی کا آغاز ہوا۔ یہ دنیا کا پہلا کاروباری ادارہ تھا، جس میں اس کے آغاز سے اختتام تک مرغن کھانوں، منصوبہ بندی اور غیبت کے علاوہ کسی کاروباری سرگرمی کا آغاز ہوتے نہیں دیکھا گیا۔ یہ خاص اہتمام رکھا گیا تھا کہ کرائے پر حاصل کی گئی عمارت جس میں پنٹاگون کا صدر دفتر قائم کیا گیا تھا۔ اُس میں کوئی شاعر، ادیب داخل ہونے میں

کامیاب ہو سکے، لیکن یہ گنجائش بہر حال رکھی گئی تھی کہ اگر وہ اپنے تخیل، جذبے، شعور اور لفظ دفتر کے گیٹ پر چوکیدار کے پاس جمع کرانے پر آمادہ ہو تو اندر آ سکتا ہے۔ دراصل یہ جنگل سے بے دخل کیے ہوئے ایک آدمی کا ایسا خواب تھا جسے وہ تعبیر کرنے میں کامیاب رہا، یہ اور بات کہ یہ تعبیر بھی خواب ہی نکلی۔ بات یہ ہے کہ ہمارے ممدوح کے اندر ایک بچّہ چھپا بیٹھا ہے، جو ہر لمحے اُن سے کھیلتا رہتا ہے اور یہ اُس کی ہتھیلی پر کسی جھُن جھُنے کی طرح بجتے رہتے ہیں۔ قمر جمیل صاحب ایک معصوم آدمی ہیں، جو اپنے اندر چھپے بیٹھے اس شریر اور سفّاک بچے کے مطالبے پورے کرنے کے ولولے میں اپنے جسم و جان کا ریشہ ریشہ علیحدہ کر رہے ہیں۔

قمر جمیل صاحب اپنے دوستوں کو مشورے دینا اپنا فرض خیال کرتے ہیں کیوں کہ اُنھوں نے جتنا بگاڑ اپنی زندگی میں دیکھا ہے، اس سے اُنھیں چیزیں بگاڑنے کا سلیقہ آ گیا ہے۔ ایک ایسا بگاڑ، جس میں ایک بناؤ پوشیدہ ہوتا ہے۔ جنگل کے آدمی کو جدید دنیا کے تجربوں نے خاصا بدل دیا ہے۔ اب وہ اتنا تلخ نہیں رہا جیسا کبھی ابتدا میں ہوا کرتا تھا اب اُس کے رویے میں ایک مصلحت آمیز محبت نمایاں نظر آتی ہے شاید اب یہی قمر جمیل صاحب کی ضرورت بھی ہے۔

یہ آدمی جو ایک طویل عمر تک مجلسی زندگی گزارنے کا عادی رہا ہے، اب اپنے فلیٹ کے مختصر سے کمرے میں گویا قیدِ تنہائی بھگت رہا ہے۔ اب اُس کے دروازے پر خال ہی کوئی ایسی مانوس دستک سنائی دیتی ہے جس میں قمر جمیل سے ملاقات کی ہمک موجود سنائی دے۔ میں حیرت اور دکھ سے سوچتا ہوں کہ اُن افراد کو کتنی آسانی سے بھلا دیا جاتا ہے جو کبھی لوگوں کی زندگی میں ایک لازمے کی حیثیت رکھتے تھے۔ اس شقی القلبی کا ایک مثبت پہلو بہر حال ضرور ہے، اس سے عبرت حاصل کر کے ہم میں سے بہت سے لوگ اپنا

مستقبل اس کڑوی تنہائی سے بچا سکتے ہیں۔ ایک امکان سا ہے کہ اب قمر جمیل کے لفظ ہوا میں تحلیل نہیں ہوں گے اور وہ گفتار کے ساتھ قلم کاغذ پر بھی توجہ دیں گے اور کچھ بعید نہیں کہ ان کے اندر چھپا بیٹھا بچّہ بھی اب ان سے قلم پکڑنے کا مطالبہ کر بیٹھے پھر کیا عجب کہ آئندہ ہم قمر جمیل کے کلام بے بدل کا کاغذ پر تجربہ کریں۔ ہمیں تمنا ہے کہ قمر جمیل کی تنہائی اُن کا روگ نہیں قوت بن جائے۔

***